随筆説法

# 心があったまる仏教

生きる勇気をもらえる24の話

酒井大岳

大法輪閣

# まえがき

酒井　大岳

見聞・体験・感想などを気のおもむくままに書きしるす文章を「随筆《ずいひつ》」と言っていますが、これに「説法」が加わると、気のむくまま、というわけにもまいりません。仏教の教えを、正しく、やさしく、さりげなく、伝えなければならないからです。ましてや、「心があったまる仏教」となると、あったかい話材の設定と、それにふさわしい教えとを結びつけねばならず、二年間の連載を二つ返事で受けてしまったあと、しばし考え込んでしまいました。

そのわたしをささえてくれたことがらが三つあります。これを大事にしていけばなんとかなる、という思いに至ったのです。

一つ。真実の感動をやさしく語ること。

言うまでもないことでしょう。真実かどうかは読者が見抜くものですし、真実こそが深く読み取られてゆくものですから。

そして、やさしく書くということ。これはなかなかの難題です。随筆説法がむずかしかったら鼻持ちならぬものとなるでしょう。そこで、できるだけやさしく書こう、楽しく読めるものにしようと、そのつど自分に言って聞かせることにしたのです。

「むずかしいことをむずかしく書くのはやさしいけれど、むずかしいことをやさしく書くのはむずかしい」ということでしょうか。

要は、読みやすくなければ読者はついてきてくれない、読まれない文章に意味はない、というきびしい掟《おきて》なのです。

二つ。共に学ぶ姿勢を取ること。

読む立場に立っても、聴く立場に立っても、上から下へ、高い所から低い所へ、というような話し方をされると、あまりいい感じはしないものです。それよりも、共に学び、共に歩む、という姿勢を取れば、読者のみなさんもついてきてくれるだろうと、これを忘れないで書くことだと決めたのでした。

仏教の教えを説く人は、教えの内容を押し売りしてはいけない、自分がその教えに出合って救われた喜びを汗して語ればよいのだ、と、これも日頃自分に言って聞かせていたことだったのです。

三つ。大自然と常にかかわっていること。

これが一番大事なことかもしれません。

便利さ、快適さを追い続けていくと、当然ながら大宇宙をささえる一員である自分が見えなくなり、自然とかかわり合って生きていくことの喜びも得られなくなってしまうでしょう。

お釈迦さまは、大自然といつも対話のできる人となるように、とさとされました。仏教を語ろうとする人たちは、大自然の声をいつも聞きとめられるようでありたい、ということだと思います。
自然と語り合い、自然に対して畏敬の念を抱いている人たちの人生はかがやいていま
す。そのかがやきこそ無言の説法だと思うのです。
右の三点を心に据えて、二十四回の連載をどうにか果たすことができました。
読み返して、その至らなさに深く恥じ入っています。
しかし、毎回、楽しみながら書き進めることができました。
読者のみなさんからたくさんの感想をお寄せいただき、感謝にたえません。ありがと
うございました。

平成二十四年　新春

著　者

# 目次

◎装幀……福田 和雄（FUKUDA DESIGN）

〈随筆説法〉

# 心があったまる仏教

――生きる勇気をもらえる24の話――

# 一、智《ち》慧《え》をさずかる

## ●クマとヨモギの葉

ある年のことです。

札幌《さっぽろ》郊外を走るタクシーの中から、「クマに注意」と書かれた看板をいくつも見かけました。

運転手さんに聞くと、「じつはこのあいだ大変なことがあったのです」と言って、一頭の大きなクマがハンターに撃たれたときのことを話してくれました。

手ごたえがあったので、ハンターは猟犬と一緒に野原を駆け巡ったのですが、日が暮れてしまってとうとうクマは見つからなかったそうです。

ところが翌朝、猟犬がこれを見つけたので行ってみると、大きなクマが倒れていて、その横腹には銃弾の飛び込んだ穴があって、そこには血にまみれてヨモギの葉がぎっしりと詰まっていたというのです。

「だれがやったのでもありません。クマは自分でヨモギの葉を取って詰め込んだのです。傷を治すのにヨモギの葉っぱの青汁がよいということを、クマはどこで知ったのでしょうか。本能でしょうか。習性でしょうか。それとも、クマにはクマの言葉があって、子孫からその子孫へと知識が伝えられてきたものでしょうか。

お客さんね、そのハンターはその日以来、銃を捨ててしまったんですよ。その気持ち、分かりますよね」

運転手さんはそう言っていました。

わたしはこの話を聞いて、胸を締《し》め付けられる思いがしました。というのも、ヨモギの青汁に傷を治す効力があるということを、わたしはある本で知っていたからです。

若いころ、山が好きでよく山歩きをしていましたが、登山関係の本の中に「リーダーの心得《こころえ》」という一項があって、そこにヨモギのことが書いてありました。リーダーは必ずヨモギの葉を持って行け、というのです。たとえば、だれかがマムシに指をかまれたとき、ヨモギの葉をもんで青汁を出し、それを手首、ひじ、肩の下のあたりに塗っておけば、一時間で絶える命が五時間も保つというのですね。かなり深い山に入っていても、五時間あれば病院から血清《けっせい》を運んでもらえると、そう書いてありました。

これを読んで以来、わたしはヨモギの葉を濡らしてビニール袋に入れ、上着のポケットに押し込んで山歩きすることを忘れませんでした。毒蛇にかまれなかったとしても、何かで傷を負ったときには、ヨモギの青汁の力を借りることにしていました。

撃たれたクマは腹部の痛みに耐えながらヨモギの葉っぱを集めたものでしょうか。それにしても、その知識をクマはどこで得たものでしょう。おそらく気が遠くなるような長い歳月をとおして、その知識は継承されてきたものと考えられます。

伝えなければならないことは、正しくしっかりと伝えなければならない——としみじみ思わせられました。

## ●水溜めを作るサイ

こちらはネパールで学んだことです。チトワンというところに大きなジャングルがあります。インドに隣接したタライ平原にあって、東西八十キロ、南北二十三キロという広さをもちます。一角サイ、トラ、ヒョウ、ワニ、バイソン、シカ、イノシシ、コブラなどのほか、野鳥も四百種余りいるところですから、怖さたっぷり、魅力たっぷりの大原始林なのです。シェルパの案内で、夜明けとともにジャングル入りをしました。動物たちが眠っているときでないと危険だからです。

三十分ほど歩いて、わたしは妙なものを発見しました。ところどころに直径三、四メートルくらいの、すりばち状の穴があるのです。聞くと、シェルパは答えました。

「これは老いたサイが作ったものです。死ぬ時期が来ると、老いたサイは雨のなかで、横にした体を上手に回転させて、このような穴を作ります。一族を集めて〝水溜《みずた》め〟の作りかたを教えるんですよ。

ここでは九月ごろから四月ごろまで、約八か月間が乾期《かんき》で、水がないために動物たちがつぎつぎに死んでゆきます。でもサイの一族は生き残るんですね。こうして水溜めを作って雨期《うき》のうちにしっかり水を溜めておくと、落葉が水の蒸発をふせぎますからね、いつでも水を飲むことができるのです」

わたしが「サイは頭がいいんですね」と言うと、

「はい、サイノウがありますから」

とシェルパは笑わせてくれ、またこんなことも話してくれました。

「サイが子孫のために溜めておく水を、ほかの動物たちも飲みに来るんですよ。水の在《あ》りかを知らない動物は死んでゆくんです。そして、サイはとても偉いのです。ほかの動物たちに飲まれてもけっして怒ることをしないで、遠くのほうから見ているだけです。怒れば戦いが始まりますよね。人間は盗まれると怒ります。だから戦争が始まります。サイは盗まれても怒りません。怒れば戦争、戦争はつまらない、サイはそういうことを知っているのですよ。

それからですね、この水溜めを作ったサイは、遅くとも一週間以内に死ぬのです。ど

水を飲みに来たサイの子ども
（ネパール・チトワンにて。著者撮影）

こからも見えない、草の深いところへ行って、ひとりで静かに息を引き取りますね。死ぬ前に立派な仕事をして、知らない間に消えてしまうなんて、見事でしょ。

サカイ先生、日本に帰ったらサイのこと話してあげてください。子孫の命を守るために何千万年も水溜めを作りつづけていること、だからひっそりとひとりで死んでゆけるんだと――」

わたしは何も言えずにうなずいてばかりいました。ネパールのジャングルのなかで、こんなにもすばらしい話が聞けるとは、思ってもみないことでしたから。

ロッジにもどって朝食をすませたあと、今度はゾウに乗って草原に近い林の中を散策しました。そこでは、はからずも水を飲みに来たサイの子どもと出合いました（前ページ写真）。

祖先のねがいを背負って生きているのかと思うと、他の動物たちと比べて、サイの子どもは一段とかがやいて見えるのでありました。

## ●「智慧の伝承」の大切さ

クマのヨモギ、サイの水溜め――これらは単に「知識の伝承」という領域を出ないものかも知れませんね。しかし、どういうわけか、わたしには「智慧《ちえ》の伝承」というふうにしか受け取れないのです。

「学べば覚えられる」という世界ではなくて、「学ばなくても気がつく」という世界がもう一つ深いところにあるような気がしてなりません。

サイが何十代にもわたって水溜めを作ることを怠ったとしても、さらに何十代かたって生まれてきたサイが、また子孫のために水溜めを作ることを始めるかもしれないのですね。途切れても途切れても同じところにもどってゆく——これは知識ではなく智慧だと思うのです。いつでも、どこでも、それと気がつく心を、人間も、動物も、さずかっているのではないかと思います。

のんきな話かもしれませんが、「ねがいを千年後の人に託す」ということだって、あっていいと思いますね。いつかは分かってもらえる、それを信じる心も大切なのではないでしょうか。

千年後を生きる人たちが、「むかし、平成という時代があって……」と言って、わたしたちが種蒔《たねま》きをしたその成果を、喜んでくれることだってあるかもしれません。説明を受けなくとも分かってしまうということ、それはわたしたちがすでに「分かる」という智慧をさずかっているからだと思いますね。

ですから、いいことはどんどんしておくといいですね。だれのため、なんてことは考えないほうがいいと思います。

「誰が為《ため》と思わざれども、人の為によからん事をしをきなんどするを誠《まこ》との善人《ぜんにん》と

は云《い》ふなり」（道元禅師《どうげんぜんじ》のことば、『正法眼蔵随聞記《しょうぼうげんぞうずいもんき》』三ノ三より）

この教えを心の深いところで聴きとめて、「なるほど」と思えたら、それはすでに時空を超えた「智慧の人」である、と言ってもよかろうかと思います。

# 二、高きに登る

## ●高所で世界を見渡す

俳句の季語の一つに「登高《とうこう》」（高きに登る）があります。重陽《ちょうよう》の節句（陰暦九月九日）の風習で、中国ではこの日、高い丘に登り、茱萸《ぐみ》や菊の花を浮かべた酒を酌《く》みかわして、健康や長寿を祈り合いました。この習わしは日本に伝わり、「高きに登る」という季語に定着したのです。

どなたも経験があると思いますが、高い所に登って下界を眺めると気持ちが大きくなりますね。家のなかに閉じこもってばかりいると、小さなことにもこだわるようになりますし、考えも暗くなるので健康のためにもよくありません。気持ちがさえないときは自分を連れ出すこと、これが一番です。

そして、できたら高い所へ登るといいのですよ。広い世界を見渡しているうちに気持ちがどんどん大きくなって、明日へ向かって生きようという力も湧いてくるのです。同時に、これまでを生きてきた自分というものをあたたかい眼差《まなざ》しで見つめることもできるようになりますね。

唐時代に杜甫《とほ》（七一二〜七七〇）という詩人がいましたが、この人に「登高」という詩があるのをご存じでしょうか。七言八句に成る詩ですが、前半ではこう言っています。

風急《かぜきゅう》に天高《てんたか》くして猿嘯哀《えんしょうかな》し
渚《なぎさ》清《きよ》く沙白《すなしろ》くして鳥《とり》飛《と》び廻《めぐ》る
無辺《むへん》の落木《らくぼく》蕭蕭《しょうしょう》として下《くだ》り
不尽《ふじん》の長江滾滾《ちょうこうこんこん》として来《きた》る

風、天、猿、渚、沙、鳥、落木、長江――これら一つ一つを、想像のほかありませんが、見たり聞いたりしてみてください。じつに大きな風景描写です。天地の色彩も豊かですね。さすがに高所からの展望と思います。

杜甫はこの詩の後半で、自身の病弱高齢を嘆きながら濁《にご》り酒を口にするのですが、前半の天地が広大であるだけに、手にする杯《さかずき》には言い知れぬ重さがあるのです。高所に登らなければその重さはなかったのだと言えるでしょう。

## ●大きな風景と小さな自分

むかし、妻が病気で長く入院していたことがありました。三人の子どもを育てながら、寺務め、高校勤務を続けましたが、たまに妻を見舞っての帰り、わたしはよく高所に登って下界を眺め回しました。疲れて休むのではなく、そうすることでなんとなく、生きる力が得られていたからです。

伊香保《いかほ》温泉から榛名山《はるなさん》へ登る道ですが、途中にとても眺めのいい所があります。赤城《あかぎ》山《やま》を中心に、利根《とね》の山々、谷川岳から日光の連山、そして渋川市、前橋市が一目で見渡せます。利根川も吾妻川《あがつま》もきらきら輝いて流れていますし、左の方には三国《みくに》山脈が大きく手を広げています。

ああいう雄大な山河を見ていると、人間の小ささがよくわかりますね。一軒の家なんて蟻《あり》より小さい。そんな小さな家が何万とあって、どこの家にも幸・不幸、運・不運があるのに、遠くから見ていると何の物音もしません。ただ風が吹いているだけです。

石に腰を落として、風に吹かれながらわたしは考えます。

あれほどの家のなかでいま何が起きているか。お祝いの家、お弔《とむら》いの家、新築の家、全焼の家、旅を楽しんでいる人に、病気で苦しんでいる人に、満腹の人、空腹の人、得をしたり、損をしたり、笑ったり、泣いたり——ああなんと悲喜こもごもであることか。わたしの家はどうか。妻が入院している。父親の自分はおろおろ、まごまご、行ったり来たりしている。おもしろい。おもしろいことじゃあないか。千年もたてばなんにもありゃあしないのに、こうして一日一日を一所懸命に生きている。泣いたり、笑ったり、怒ったり、悔やんだり、これでいい、こんな尊いことはないじゃないか——

と、これは無理してそう考えていたわけではないんですね。大きな風景を見ていると自然にそういう気持ちになっていくんです。大自然は個人の生きざまなんかに一切無関心でね、そこがたまらない魅力です。

だから、自分というこの小さな存在を、遠くへ押しやって、大きな風景のなかでしっかりと見つめてみるんです。するといま自分は何をしなければならないか、自分の生きかたが他の人の生きかたにどうかかわっていくのか、いまやっていることがはたして子どもや妻や生徒たちのためにつながっているのかどうか、そんなことがおぼろげながらわかってくるんですね。

苦しい生活のなかに閉じこもってしまうと、それが見えなくなってしまうのだと思います。そうなると、その暗い海のなかを右往左往するだけで、苦しんでいるのは自分だけだと思うようになって、自分のかじ取りさえできなくなってしまうと思います。

石に座って、わたしは何度もそういうことを考えました。でっかい山河からでっかい生きかたをもらったのです。

傍《かたわ》らに野菊の花が咲いていましてね、

頂上や殊に野菊の吹かれ居り　　原　石鼎《せきてい》

という名作を思い出していました。風に吹かれたら吹かれたままに揺れるというこの野菊の自由さにあこがれていたからでしょう。

## 実生活で高所の視点を生かす

しかし、ここで考えなければならないことがあります。

高所に登って大きな山河と胸を合わせたからといって、これで仏教がわかってきたというわけにはいきません。これを起点として、つぎに「山河に親しむ」姿勢をとることが大切だということ。それに気がつかないと、高所に登って菊酒《きくざけ》を酌みかわす意味もなくなってしまいます。

まずは薄暗い部屋から抜け出して大自然に接すること。そして自分の小ささがわかったら、その心持ちを大事に持ち帰ること。つまり高所で得たものを実生活上に生かすということが大切なのですね。生かし得なかったら、山河と胸を合わせたときの感動がうそになってしまいます。

ちょっとした不運の風に「大変だ！」とあわてふためいていたわたしが、その風のなかで「おもしろい」と思えるようになったのは、じつにでっかい山河のおかげでした。わたしはその心持ちを、子育ての上に生かす努力をしました。子どもたちは元気いっぱいに育ち、それを見ての安心感から妻はたちまち病気を克服し、わずか一年二か月で子どもたちのそばに戻ることができたのです。

高所で学び得たことを実生活上に生かす、このことは理屈で通らない難事ですね。花を咲かせ、土を耕し、野の草を摘み、縁ある動物を大事にし、掃除をし、家族にやさしい言葉をかけること——どの一つも心なくしてできることではありま

「真観」（「真実を見る」の意。著者書）

せん。

しかし、やろうと思うその心持ちがありさえすればできないことはないし、たとえ不運の風が吹いてきても「おもしろい」と受け止めることができるのだと思いますね。

つまらないと思うと何事もつまらないけれど、おもしろいと思いはじめると何もかもおもしろくて仕方がなくなります。

心して見渡してみると、大自然は変化の連続で、一時としてそのままの姿でいることがありません。絶えず移り変わるというその魅力があるからこそ、芸術家や求道者たちは大自然の懐《ふところ》へ一歩も二歩も踏み込んで行きたがるのだと思います。

## ●山河のなかに真実を見る

お釈迦さまは、自然を見て驚きなさい、と諭《さと》されています。

天地を見て非常と想い
山や川を見て非常と想い

万物の盛んな躍動を見て非常と想い
そのことによって執着する心をもたなければ
早いうちに悟りの境地を得るであろう

（『四十二章経』）

非常とは「常《つね》に非《あら》ず」、つまり「いつもと違う」ということですね。絶えず躍動している山河のなかに「真実を見なさい」と教えられているのです。山河のこころにふれることから、さとりへの道は開かれるということです。

# 三、一反《いったん》の絹《きぬ》

## ●武者さんという人

『ビルマの竪琴《たてごと》』（竹山道雄著）という小説があります。映画にもなりました。

主人公・水島上等兵のモデルといわれた武者一雄《むしゃかずお》さん（本名は中村一雄・群馬県雲昌寺先代住職）は、平成二十年十二月、九十二歳で遷化《せんげ》されました。

武者さんは福井県の永平寺で修行中の一九三八年に徴兵され、フィリピンなど東南アジアを転戦後、多くの死者が出たインパール作戦に参加し、ビルマ（いまのミャンマー）で終戦を迎えました。

二十五年前の「上毛《じょうもう》新聞」（昭和六十年八月六日）には、こう書かれています。

——この戦いはおびただしい戦死者を出し、武者さんの部隊も六千人がわずか二百人になってしまった。

インパールからの帰路、その道筋には日本軍将兵の遺骨が散乱、白骨街道と呼ばれたが、武者さんはその行軍中、軍服の上にけさを羽織り、手に数珠を持って一つでも多くの遺骨を——とお骨を集めては埋葬し供養し続けた。

武者さんは英軍の捕虜となりながらも収容所で合唱隊を編成します。そこで「荒城の月」や「さくら」などの指揮をして兵士たちの心を慰めました。

この話をドイツ文学者の竹山道雄さんが、武者さんと同じ部隊にいた教え子から聞いて、小説『ビルマの竪琴』を書き上げました。

私事ですが、武者さんの前の住職さんはわたしの叔父（父の弟）でした。そのご縁から武者さんにはとくに親しくしていただいて、わたしの寺にも、勤め先の高校にも、講演に来ていただきました。雲昌寺さんへも、高校の生徒を引率して何度か伺い、ビルマの話をお聞きし、戦友の遺品なども見せてもらっています。

武者さんから直接お聞きし、わたしがとくに感動した話をここに一つ紹介しましょう。

## ●一反の絹と仏の智慧

インパール作戦に参加中、武者さんたち一行（二十人の小部隊）はビルマの山の中にパゴダ（仏塔）を発見し、一週間雨宿りをしたことがあるそうです。

食糧が尽き、ムドンの町へ向かっていざ出発というとき、一人の隊員がパゴダの地下の暗がりに絹《シルク》の反物《たんもの》が山と積まれているのを発見しました。隊長は言いました。

「このまま放置すれば紙くずも同然。これをムドンの町へ持って行けば食糧に替えられる。みんな持てるだけ持て！」

隊員たちは争うように地下から絹の反物を担《かつ》ぎ出し、五反十反と自分の背《はい》のうにくくり付けたそうです。

しかし、武者さんはたった一反しか乗せませんでした。

「先に死にたいと言うのか！　この意気地なし！」

隊長の罵声を浴びながらも武者さんはぐっとこらえました。自分の体力からこれ以上積み上げることは危険だと思ったからです。

ムドンへ向かって二百キロも歩く山のなかで、一人死に、二人死に、絹を多く背負った者から疲労で死んでいきました。

武者さんは一反しか持たなかったために生き残りました。途中で一行から遅れ、原始林のなかに迷い込んだときも、「急いではいけない。無理をしてはいけない」と思いつづけたそうです。木の根や笹《ささ》をつかんで林のなかをはい回り、別の部隊に助けられ、野《の》牛《うし》の血をもらって命をつないだこともあったということでした。

武者さんはそのときのことを思い出されながらこう話されました。

「絹の反物が食糧に替えられるとなれば、みんな欲が出てきます。多く持った者ほど生き延びられる、だれでもそう思いますよ。でも私は体も小さいし、無理をするとばてやしないかなと、とっさに思ったんです。なぜ、自分の体力と反物の量とのことを考えたのでしょうね。あのときはそういうことを考える余裕なんてないんですから。

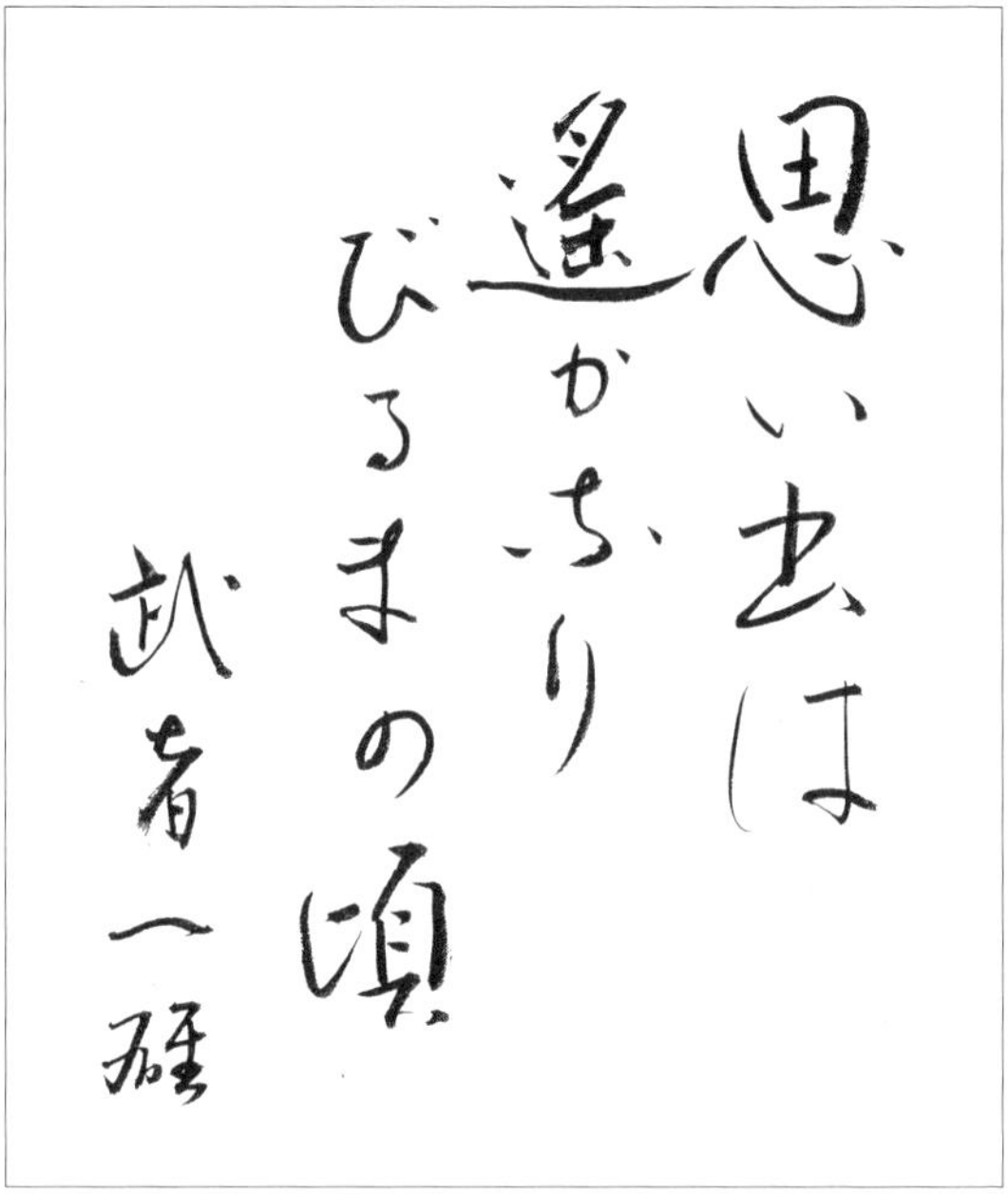


昭和40年　武者さんから著者に贈られた色紙
「思い出は　遙かなり　びるまの頃」

私はあれからずうっと思っているんですが、あれは土たん場で仏さまからさずかった智慧ではなかったかとね。すべてに当てはまるわけでもないでしょうが、人間、ぎりぎりのところでは、欲の少ない人のほうが生き延びるのではないかと、そんな気もしているんですよ――」

武者さんは永平寺で修行中、寝る間も惜しんで仏教書を読みふけったそうです。

「こんなときどうすればいいのか、と追い詰められたとき、仏教の教えのなかからすっと解答が降りてきてくれたような、そんな気もするんですね」

と、そうも語っておられました。

なるほど、とわたしは思ったのです。

「すっと解答が降りてきてくれる」、なんという素敵な言葉でしょうか。

なんとおっしゃいましたが、「仏教の勉強を

武者さんは「土たん場」「ぎりぎりのところ」ということではありませんね。普段からこつ

しておけばそういうときに助かるんだよ」ということではありませんね。普段からこつ

こつと教えを身に修めていることが大事で、その積み重ねのちからが、あるとき、迷っ

ているわたしたちをすうっとよい方へ導いてくれる、そういうことだろうと思います。

隊長から「意気地なし」と言われたその瞬間、武者さんはご自分の体力のことを考え

ていました。「体も小さいし、無理をするとばてやしないか」、そう考える「心のゆとり」

はいったいどこから出てくるものでしょうか。おそらく、身に修められた山ほどの教え

から出てくるものでしょう。

それを武者さんは「仏さまからさずかった智慧」「すっと解答が降りてきてくれる」と、

こうおっしゃっているんだと思います。

## ●少欲知足と心の豊かさ

それから「欲の少ない人のほうが生き延びるのではないか」ともおっしゃっていますが、これはおそらく、お釈迦さまの遺言と言われる『仏遺教経《ぶつゆいきょうぎょう》』のなかの「少欲知足《しょうよくちそく》」を指しているものと思われます。

多欲の人は利《り》を求むること多きが故に苦悩も亦《ま》た多し。少欲の人は無求《むぐ》無欲なれば則《すなわ》ち此《こ》の患《うれい》なし。

〈多欲の人は利益を求める気持ちが大きいので、悩み苦しみもまた多い。しかし、少欲の人は、求め欲することがないので、そのような患いがない〉

知足の人は地上に臥《ふ》すと雖《いえど》も、猶《な》お安楽なりとす。不知足の者は、天堂に処すと雖も亦た意に称《かな》わず。

〈知足の人は、たとえ地面で寝る貧しい生活であっても、心安らかである。知足

を具えないと人は、たとえ天上の豪華な家で暮らしても満足することはない〉

――現代語訳：三重林松寺住職・東方学院講師　服部育郎師――

あるいはまた『涅槃経《ねはんきょう》』のなかの次の教えを指すのかもしれません。

少欲とは求めず取らざるなり。知足とは少を得る時、心悔恨《く》ひざるなり。

これらの教えは、頭のなかでは理解できても、日常生活の上に生かすとなると、なかなか容易なことではありません。

しかし、このような教えを知っている人と知っていない人とでは、生きていく上での「心の豊かさ」が違ってくるのではないかと思われます。

武者さんはいつもにこにこされ、心のこもった、優しい静かな言葉づかいをされる方でした。

「少欲の人」と言うと、わたしはすぐに武者さんの「一反の絹」の話を思い出し、そのあたたかいお人柄をなつかしく思い起こすのです。

# 四、　花吹雪

## 一枚の写真から育った縁

縁は「授《さず》かるもの」であると同時に「育《はぐく》むもの」である、とわたしは考えています。「せっかく授かったご縁なのだから、このご縁を大事にしたい」と、人はだれでもそう思いますね。わたしも思うのです。

しかし、思っただけではそのご縁は育ちません。育てようというはたらきかけがないと、つぎの花は咲かないのです。そのことを一つの体験をとおしてお伝えしたいと思います。

ある年の春のこと。ところは長野市川中島です。あんずの花の咲き満ちたのどかな田園風景にほれ込んで、そこに働く農家の人びとを、時を忘れて撮りまくりました。

桜並木に出ると、若い母親が幼な子二人を連れて花見に来ていました。一人は乳母車の中から、吹き付けてくる花びらに手をかざしています。

このとき突風が来て、花吹雪は母子三人を包みました。十数本の大木の桜がいっぺんに花を散らします。これほどの花吹雪をわたしは見たことがありませんでした。

気づかれないように、遠くのほうから長いレンズで撮影しました。乳母車の中の子は、花びらで顔が真っ白です。母親が笑いながら指で払っていました。よくぞこれほどの美しい風景に出くわしたものだ、とわたしは興奮しながらシャッターを押し続けたのです。

写真の出来栄えはまあまあでした（次ページ写真）。わたしの腕よりも被写体の美しさのほうがはるかに勝っていたからです。

「届けよう。あの子たちの、思い出の一ページに――」

数枚の写真を四ツ切《ぎり》に伸ばして、長野市へ出講した帰り、川中島へ立ち寄りました。

花にあそぶ母と子
（長野市川中島・著者撮影）

ところが、そのかたの家がわかりません。断りもせずに撮らせてもらったことですから、住所も名前も知るわけがないのです。

駅の待合室で考えているうちに、ひらめきました。町のスーパーに寄って、そこに集まるお客さんたちにこの写真を見てもらったらどうか――この名案が、じつは見事に的中したのです。

レジで写真を広げると、何よ、何よ、と主婦たちが集まってきて、

「まあ、すてきな写真。あ、この親子、見たことあるわ。あの辺の人ではないかしら。ほら、ほら！」

方角だけはわかりました。

歩いて、聞いて、歩いて、聞いて――四、五軒目でした。ベランダで物干しをしていた主婦に、下から写真を見せて聞くと、すぐ前の、鉄塔のそばの、山本さんの家です、と教えてくれたではありませんか。

「ごめんください！」

こういうときの気分の良さは格別ですね。

どやどやと四人が出てきました。あの若い母親と、女のお子さん二人と、ご主人のお母さんらしい人とです。

「じつは――」

というわたしの話に、二人の大人はびっくり仰天です。

「え？　この写真を、くださるんですか。まあ、なんという……」

大騒ぎとなりました。若い母親は、あの日どこかのだれかが写真を撮っていることに気がついていたと言い、「きょうはとっても佳《よ》い日――」と涙ぐみながら写真に見入っていました。

ご主人のお母さんは、木曽《きそ》福島の出身だと言って、木曽の〝ひのき箸《ばし》〟をどっさりわたしに抱かせてくれました。

長野市川中島町の山本明美さんというかたと、こうしてわたしは知り合ったのです。その後、男の子が生まれ、三児の母になられたということを便りで知りました。毎年の年賀状には、三人のお子さんたちの名前と年齢がかならず書き添えてありました。

## ●育てた縁に花が咲く

五、六年が過ぎ去ったある夜のこと、突然山本明美さんから電話がかかってきました。三人のお子さんたちはみな小学生で、自分はいま川中島小学校のＰＴＡの、教養部の仕事をさせてもらっているといいます。

「じつは、先生にご講演を――」

十一月十四日。前後はふさがっていましたが、不思議にも一日だけ、そこが空いていました。明美さんの、跳びあがって喜ぶ姿が、受話器の向こうに見えていました。

長野駅で迎えられ、山本さんのお宅で手づくりのごちそうをたらふくいただき、小学校の体育館で〝子育て〟の話をしました。二十代、三十代の若いお母さんがたが、笑い、涙し、聞いてくれました。

校長さんがまた大の写真好きで、あれも、これもと、持ち出してきては見せてくれます。自信満々の写真ばかりでした。

その校長室へ、山本家のお子さん三人が、ぞろりと入ってきて並びました。

「こんにちは！」

とそろって挨拶をします。驚いたの、なんの。あのときの、あの幼な子二人が、五年生、三年生になっていたではありませんか。

「ぼくは一年生か。あのとき、ぼくはまだ生まれていなかったんだよね」

「うん！」

はっきりと返事をする男の子でした。

縁とは不思議なもの。風が吹いて、桜が散って、写真を撮って、届けに行って——育てた縁に花が咲きました。川中島小学校へわたしが招かれたのは、山本明美さんが育んだもう一つの花であったと思います。

## ●喜ばれる悦び

「喜ばれる悦び」と、わたしは文字を別にして言っているのですが、人に喜ばれる悦びほど大きなものはありません。一つ喜ばれると、つぎつぎに何かをしないではいられなくなるから不思議です。

人間は本来、よい縁を育まずにはいられないようにつくられているのかもしれません。

このことについて、お釈迦さまはつぎのように諭《さと》されています。

もしひと
よきことをなさば
これを
またまたなすべし
よきことをなすに

たのしみをもつべし
善根《よきこと》をつむは
幸いなればなり
（『法句経《ほっくきょう》』一一八）

わたしはこの偈《げ》（詩）を読むたびに、「仏教ってあったかいなあ」と思うのです。よいことをして、喜ばれたらもっとしなさい、と教えてくれているのですから。それどころか、その上に、「たのしみをもつべし」とまで導いてくれています。

仏教ではよく「明日の命ありと思うな」と諭すのですが、右の偈を見るかぎりではその反対ですね。「明日をしっかり見て、計画を立てて、楽しみをもって生きなさい」と、はっきり説かれているのです。

希望をいだいて、積極的に縁を育んでいくことが大事と思います。

長野新幹線が長野駅に到着する五分前ごろ、在来線・川中島駅付近を通過します。すると間もなく右側に桜並木が見え、鉄塔のそばの山本さんの家も見えてくるのです。

「みんな元気で、頑張れよ！」

と、かならず声をかけています。

童謡詩人・金子みすゞさん（一九〇三～一九三〇）の「いいこと」という詩の一節に、

いつかいいこと
したところ
通るたんびに
うれしいよ

（『金子みすゞ童謡全集』ＪＵＬＡ出版局より）

とありますが、ほんとうだと思いますね。「そうなんだよ」と答えながら、「もうじき花吹雪のころだな」と、わたしは胸をふくらませているのです。

# 五、五辛《ごしん》の季節

## ●〝山菜の王〟と〝野の真珠〟

四月下旬から五月いっぱいくらいまで、わたしの住む群馬県の山の中に、山菜取りがどっと押し寄せます。

なかでも人気のあるのが〝山菜の王〟といわれる「たらの芽」ですが、味も良く香りも高いたらの芽は、標高五〇〇メートル以上の山に入らないとなかなか取れるものではありません。

高い山にあるたらの芽は、昼夜の気温差と、雨・光線・風などの恩恵を受けて、味や香りを深くしているのです。

山菜の王に対して〝野の真珠〟と言われているものに「のびる」（野蒜）があります。道ばたや小川のほとりの雑草にまじって生え、草全体ににんにく臭があります。「ひる」という名は、ねぎ・にんにくの総称で、その辛みがヒリヒリと口を刺激するのでそう呼ばれているそうです。

こののびるは、若葉を摘《つ》んで浸しものなどにしますが、じつはその球根のほうに味や香りの深さがあるのです。にんにくを臭気というなら、のびるは香気といったところでしょうか。

田んぼの土手の下に密生しているのびるをシャベルで一掘りすると、百粒くらいは出てくるでしょうか。はさみで葉を切り取り、細い根を取り払って水洗いをすると、白くて丸い球根はまるで真珠のようにかがやきます。

ほとんど臭みがないので、わたしはこれに自家製の味噌をからめ、好んで晩酌のさかなとしています。

## ●五辛の教え

ところで、仏教の説くところに「五辛《ごしん》」というものがあります。臭味の激しい五種の野菜として、にんにく・にら・ねぎ・らっきょう・はじかみ、があげられています（『地蔵菩薩陀羅尼《だらに》経』）。

「はじかみ」とは、しょうが・さんしょうの類をいいます。これら五辛は、いちじるしく臭気を放つこと、また精力のもととなることから、仏教ではきらっているのです。「辛」は「からい」という字ですが、「臭穢《しゅうえい》にして薫《かお》るもの」という意味がありますから、つまり「一切の臭草《しゅうそう》」をさしていることになります。この臭草は「賢聖天人《けんしょうてんにん》」が嫌うのだそうです（『梵網《ぼんもう》経』）。

また、「是《こ》の五種《ごしゅ》の辛《しん》、熟《じゅく》せるを食《じき》すれば婬《いん》を発《はっ》し、生《なま》きを啖《くら》へば恚《いかり》を増《ま》す」（『楞伽《りょうが》経』）という戒《いまし》めもあります。つまり、にんにくでも、らっきょうでも、あまり熟したものを食べると精力がつきすぎるし、生《なま》のものを食べると怒りっぽくなる、ということですね。

たしかに仏道修行に邁進している者に、婬欲《いんにょく》・恚《いかり》は禁物でしょう。それらをしずめるためにも修行を続けていくわけですから、それにはその元を断たなくてはなりません。深山幽谷《しんざんゆうこく》の堂宇が修行道場として選ばれる理由の一つに、「臭草を断《た》つ」ということがあるのを当然と思います。

人間はその環境に順応して生きていくものですから、清らかな環境にあれば心も清らかになり、不浄のところにあれば心も不浄となります。寺はもともと修行道場ですから、不浄であってもいいわけがありません。そういう清らかな道場に五辛を口にした者がぞろぞろ入ってくれば、修行者たちが迷惑するのは当然です。仏教の戒律のなかに五辛の戒めが取り上げられているゆえんはそこにあります。

寺の山門の横に、「不許葷酒入山門」（葷酒《くんしゅ》、山門《さんもん》に入《い》るを許《ゆる》さず）と書かれた石の塔が建っているのをご存じでしょうか。生臭いものを口にした人や酒に酔った人はこれより先へは入らないでください、という意味です。「葷」とは「五辛」のことです。

## あたたかい掟

それほどに修行者たちは断つべきを断って修行に専念するのですが、ときに、病に倒れるということも無きにしもあらずです。こんなとき、指導者たちはそれにどう対処していったのでしょうか。

ありがたいことに、五辛を口にすることが許されたのですね。厳しいばかりが戒律ではなくて、その裏には深い慈しみの心が用意されています。いかに生臭い匂いを発するとはいえ、やはり健康を取り戻すために五辛はなくてはならないものだったのです。お釈迦さまの思いの深さがそこにあります。

病に倒れた修行僧に対して、お釈迦さまは次のように諭《さと》されています。

・修行道場を出て別の房舎《ぼうしゃ》（離れた建物）で静養すること。
・他に治療すべき薬剤のないときは七日間に限りにんにくを口にしてもよい。
・衆僧の座臥《ざが》するところでにんにくを口にしてはならない。
・五辛を口にした者は説法の道場に行ってはならない。
・五辛を口にした者はお経を誦《よ》んではならない。
・五辛を口にした者はよその家の食事に招かれてはならない。

・五辛を口にした者は修行僧たちの食堂へ行ってはならない。
・五辛を口にした者は仏像や仏塔を拝んではならない。
・病が治ったら香料を投じた風呂に入り、臭気を取り除かなければならない。
・病が治ったら水をもって身を浄め、香を薫じた法衣をまとって道場に戻らなければならない。

（『僧祇律《そうぎりつ》』・『十誦律《じゅうじゅ》』・『五分律《ごぶん》』）

などなど、こうした掟《おきて》がたくさん設けられているのです。この掟は厳しい掟ではありません。あたたかい掟です。静養中の掟であり、病後の掟です。

これらを見ると、修行というものがいかに清らかな環境のなかで行われなければならないかがよくわかりますね。また、あえてにんにくが取り上げられているところを見ても、個人と全体とのかかわり合いが端的に示されていて、うなずくばかりです。

親切であったかい教えであると思います。

## ●自然からの「贈りもの」

しかし、勘違いしてはいけないと思いますね。仏教では五辛をきらう、といっても、これはあくまで修行僧への戒めであるということです。

お釈迦さまが病む人に五辛を口にすることを許されたというのは、五辛は自然からの贈りもので、健康を保つためになくてはならないものであるということをご存じだったからでしょう。修行僧への戒めを在家のすべての人びとへの戒めとしているわけではありません。

自然はその時節時節に、生きとし生けるものの健康のために、もっとも力となるものを贈り届け贈り続けてくれています。ですから、春には春の、夏には夏の、自然からの贈りものをありがたく頂戴《ちょうだい》して生きていくという、その心の持ちようを大切にしていきたいと思います。

山菜を取りに多くの人びとが山を訪れるのはよいけれど、「山荒し」になってもらっては困りますね。

わたしの寺の檀家さんに、さんしょうの木やたらの木をたくさん植え付けて、春になると若葉・若芽を市場へ出荷しているおじいさんがいますが、昨年の春は、どこかのだれかにそのほとんどを切り取られてしまいました。夜中にやってきて鋭利な刃物で枝々を切り取り、何台かの軽トラックで運び去ったということでした。畑が遠かったためにまったく知らない間の出来事だったそうです。

でもそのおじいさんは、盗んでいった人のことを憎んでいないのです。

「トゲが刺さって痛い思いをしたろ。さんしょもたらも、切られると増えるんだ。来年は十倍にもなるだろよ」

そう言って、大きな声で笑うのでした。

芽が出始めたころのさんしょうの木やたらの木は、幹《みき》から切って水に漬けておくと、次から次へと芽を吹いてくるものなのです。

でもそれで一儲《もう》けというわけにもいかないでしょう。水に漬けてから出てくるそれらの芽は、けっしておいしくないからです。

なんといっても、山の雨、山の光線、山の風があってこその、味・香りなのですから。

不景気のせいか、最近、山野草を取りに深い山へ入る人が増えています。どうか、熊に襲われないように、そして「山荒し」と言われないように、自然からの贈りものを、謙虚に、大事に、いただいていってください。

野びる摘むことより今日を開きけり　　大岳

# 六、箸《はし》よく盤《ばん》水《すい》を廻《まわ》す

## ●小さな円が大きな円に

まず大きな器に水を張ります。これを「盤水《ばんすい》」と言います。

次に、その中央に箸《はし》を一本立てます。箸の上のほうを持って、水の中に一円玉くらいの小さな円を描きます。ただそれを続けるだけでよいのです。

水は箸の周囲を巡り始め、水が水を呼び、次第に輪が大きくなり、やがて盤水全体が中心も外側も同じ速度で回ってしまいます。これを「箸よく盤水を廻《まわ》す」と言っているのですね。

この道をと思ったら
こつこつ歩めばよい
批判されても気にしない
ただひたすらに歩むこと
そのうち人が寄ってきて
手伝いましょうと言う
その輪は大きく広がって
でっかい仕事をしてしまう

詩とも言えませんが、学生時代の日記帳に書いてあるものです。ある本で「箸よく盤水を廻す」という言葉を知り、それについての自分なりの思いを書き付けたものでした。本の名も言葉の出典も記録がありません。

ＮＨＫ教育テレビの「こころの時代」でもこの言葉を紹介し、全国の人に出典を尋《たず》ねましたが、いまだにこれという解答は寄せられていません。記録しておくことの大切さを知りました。

この言葉は産経新聞（平成十一年七月八日〝わたしの人生訓〟）でも紹介しています。

新聞には「箸よく盤水を廻す」と書いたわたしの色紙も載っています。記事の下のほうには、「色紙を一名に贈呈します。住所、氏名、年齢、〝宗教・こころ〟面の感想を書いて、産経新聞宗教班へ」とありました。

## ●色紙の行方

ところで話は変わりますが、わたしは柳家小満ん《やなぎやこまん》師匠の落語が好きで、よく日本橋の「お江戸日本橋亭」へ師匠の古典落語を聞きに行っているのです。奇数月の十三日夜と決まっているので、その日何事もなければ、群馬から新幹線に乗って、わざわざでも出かけて行くことがあります。

縁が重なって、群馬の山寺にも小満ん師匠に出向いていただいて、本堂の端《はし》に高座を設け、農家の人びとにたっぷりと師匠の古典落語を堪能してもらったことも三度ほどありました。

そうしたある日のこと、曹洞宗のお坊さんがたの研修会が東京の「永平寺別院」（港区西麻布）で開かれ、なんと、柳家小満ん師匠とわたしが、講師として招かれて行ったのでした。

控え室で師匠がわたしにこう言います。

「うちのカミさんが、先生の色紙を手に入れましてねぇ」

どういうことかとお聞きしたら、

「産経新聞ですよ。カミさんが感想文を書いて寄せておいたら、たった一人、抽選で当たったというんですな。運もあるもんだと大喜びしてましたよ」

「師匠の奥さんだってこと、新聞社は知らないわけですよね」

「もちろんですよ。そういうふうに仏さんが仕組んでくれたんでしょうな。それにしてもあの言葉はいい言葉です」

そそくさと書いたあの色紙が、小満ん師匠のお宅へお嫁入りするとは思いもよらなかったことです。

## ●おそろしいこと

「箸よく盤水を廻す」と言えば、すぐに思い出す詩があります。

草津中学校（群馬県）三年生の森田佳代子さんから二百編ほど送られてきた詩のなかの、わたしがもっとも感動した一編なのです。

おそろしいこと　　森田佳代子

困難にぶつかることよりも
人にうらぎられることよりも
つらいことよりも
悲しいことよりも
苦しいことよりも
もっとおそろしいのは

あきらめてしまうこと——
そこですべてが終ってしまうから……

すごい、と思い、心を打たれました。

何事も途中であきらめてしまったら、そこですべてが終わってしまいます。中学三年生でこういうことが言える、そのことにも深い感動を覚えました。

この詩を知ったその直後、あるテレビ局が「夏休みを迎える子どもたちへ」という番組を企画し、何か話を、と言ってきたので、わたしはテレビでこの詩を紹介し、全国の子どもたちに、あきらめないでこつこつやり遂げることの大切さについて話を聞いてもらいました。

多くの子どもたちからテレビ局をとおして手紙が寄せられ、この詩を書いた紙片を財布の中に入れておくとか、試合前にはかならず口ずさんでいるとか、そんな嬉しい便りにわたしのほうがむしろ勇気づけられていました。

## 大きくなった「円」に感謝

わたしが勤務していた高校の教え子K子さんは、栃木県大田原市で開かれた〝緑蔭禅《りょくいんぜん》の集い〟に参加した折の帰りの車中で、わたしにこんなことを言ったことがあります。

「先生、わたしは将来中国語の先生になります。見ていてください」

卒業して四年後、彼女はわたしの家から歩いて二十分くらいのところ、吾妻《あがつま》川の向こうの町へお嫁に来ました。ときどき手紙を寄せてくれていたので、二人のお子さんを育てながら中国語の勉強を続けていることを知り、その信念の強さに驚いていました。

その後彼女は、子どもたちや、夫や、その両親の理解と協力が得られて、ついに中国に渡って本格の勉強を重ね、半年後に帰国してからもさらに大学に学んで教師の資格を得、とうとうある短大の中国語教師となって、望みを達成したのです。

彼女の家の近くに小さな無人駅があり、わたしはときどきその駅を利用しているのですが、たまたまホームで一緒になったとき、彼女は声を大きく、家族の協力には感謝してもしきれないと言い、そのあと次のことを話してくれました。

茶掛　「箸よく盤水を廻す」
（著者書）

「――箸よく盤水を廻す、という言葉を、高校生のときよく先生からお聞きしていました。その後先生に送っていただいたご本のなかに、森田佳代子さんの〝おそろしいこと〟という詩があって、これにはどれほどささえられてきたかしれません。中国にいるときも挫折しそうになったことが何度かありましたけど、あきらめたら終りなんだと思って歯を食いしばって頑張りました。それから、高校生のとき栃木県のお寺さんで〝精進《しょうじん》〟という言葉を覚えました。ご年輩のお坊さんが〝少水《しょうすい》、能《よ》く石を穿《うが》つ〟とおっしゃっていましたね。なんの道でも途中で投げ出さないでこつこつと続けることだと。そして〝これを精進という〟と教えられたことを忘れたことはありませんでした。

盤水も、森田さんの詩も、精進も、みんな一つなんですね。わたしがよく話すものですから、子どもたちもみんな覚えていてくれて、これからが楽しみです。家族には百倍も恩に報いたい気持ちでいっぱいです――」

わたしはだまってうなずいてばかりいました。容易に真似のできないことだと思い続けていました。

譬《たと》えば少水の常に流れて、則《すなわ》ち能く石を穿つが如し。　（『遺教経《ゆいきょうぎょう》』）

くだんのお坊さんは、この言葉を少し短くして「少水、能く石を穿つ」と、覚えやすいように教えてくれたのでした。

試みに、箸で盤水を廻してみてください。中央で小さな円を描くのですよ。大きく廻すと、水はくしゃくしゃになって怒ってしまいますから。

# 七、感ずれば通ず

## ●赤い夕日に　けろりかん

平成二十二年（二〇一〇）は、童謡詩人・金子みすゞ（一九〇三～一九三〇）没後八十年に当たる年で、「没後80年・金子みすゞ展・みんなちがって、みんないい。」（主催・毎日新聞社）が各地（大阪、名古屋、東京、京都、横浜など）を巡回しました。

会場には「それぞれのみすゞ」（六十余名が好きな詩を好きに鑑賞）と題した展示ものがあり、これは図録にも収められました。

わたしは「石ころ」という詩を選びました。

## 石ころ

金子みすゞ

きのうは子供《こども》を
ころばせて
きょうもお馬を
つまずかす、
あしたは誰《だれ》が
とおるやら。

田舎《いなか》のみちの
石ころは、赤い夕日に
けろりかん。

（『金子みすゞ童謡全集』ＪＵＬＡ出版局より）

この詩について、つぎのコメントを寄せました。

「夕やけはなぜ美しいか」という問いに対して、「どこかの国の朝やけだから」と答えた人がいるそうだ。そんなことは有り得ないにしても、ロマンがあってすばらしいと思うよ。みすゞさんの「石ころ」は、「とおるやら」の「やら」がすごいね。このおとぼけがあるので「けろりかん」が決まるんだ。どうでもいいことにこだわっていないで、赤い夕日をしっかり見送らなきゃ。そのくらい大事なことって、人生にないいんじゃないかな。

——大岳

夕日を見送ること、これをわたしは大事にしたいと、真実思っているのです。小さなこと、どうでもいいこと、つまらないこと、そういうものがどんどん消えてしまうからです。そして、一晩ぐっすり寝て起きれば、それらはみな輝かしい朝日となって現れてくるではありませんか。

「石ころ」はそれを教えてくれています。「あしたは誰がとおるやら」、この軽さがないと、人はさわやかに生きられないのではないか、とさえ思われます。

東北へ出講した折《おり》、小高い丘に登って、夕日を見送っていました。そこへあるお坊さんがやって来て、わたしに並びました。

「けろりかん、ですか?」

「そうです。けろりかんです。田舎のみちの石ころですよ」

そう言って二人は大きく笑い合ったのでした。

そのお坊さんは「石ころ」という詩を丸ごと知っていました。知っていたからこその会話であり笑いであったと思うのです。

## ●拈華微笑

仏教に、「拈華微笑《ねんげみしょう》」という有名な逸話《いつわ》があります。

ある日、お釈迦さまが説法をする折、無言で一輪の花を手に掲《かか》げました。大勢の弟子たちはその意味がわからずにいたのですが、たった一人、迦葉尊者《かしょうそんじゃ》だけはお釈迦さまがどんなお話をされるのかがわかり、にっこりとほほえみました。

その瞬間、お釈迦さまにも迦葉尊者がすべてを理解したことがわかり、「わたしが大事にしている仏心《ぶっしん》をそっくり引き渡すから、後をよろしく頼むよ」と、迦葉尊者に奥義を授けたというお話です。

わたしたちにも、顔を見ただけですべてがわかる、ということがありますね。以心伝《いしんでん》心《しん》と言いますが、言わず、語らずしても、わかる人にはわかります。

しかし、通じるためには条件が必要です。同じ体験を持っているとか、同じものを求めて生きているとか、それがないとわかり合うことができません。道を求める心が篤《あつ》ければ篤いほど、広い世界、深い世界がわかるということでしょう。

## ●浅く見ないで深く観る

俳句の世界でも同じことが言えると思います。

## 深《しん》は新《しん》見るから観《み》るへ明易《あけやす》し

　これは『ホトトギス』に掲載された、安原葉《やすはらよう》さんという方の句です。『ホトトギス』は高浜虚子《きょし》先生が主宰された有名な俳句雑誌で、この雑誌から夏目漱石や伊藤左千夫が育っていきました。

　この句を見たときに、わたしは「まいった」と思いました。この句は、虚子先生が言われたあのことを五・七・五に表わしたのだなと思い当たったのです。

『虚子俳話』の中に「深《しん》は新《しん》なり・古壺新酒《ここしんしゅ》」と題した文章があります。その中で虚子先生は「今までの俳句の道をさらに深く深くと志す方がより多く新しいものを得る道だと考えます」と述べています。そして、俳句は十七文字で季語を入れるという制限のある伝統の文芸で、いわば古い壺《つぼ》のようなものだけれど、その制限の中で新しいことを見出していくことが大切だとおっしゃいました。これを虚子先生は「古壺新酒」と称《とな》えられたのです。つまり、古い壺に盛る新しい酒を醸《かも》すことを志す、ということです。

　わたしは『虚子俳話』を若いころ読んでいましたから、安原さんの俳句の意味がすぐにわかりました。

きっと、安原さんは眠りにつくときに、「最近はみんなが新しい俳句をつくろうとしているけれど、そんなに新しいことができるものじゃない」と考えられたのでしょう。そのとき虚子先生の言葉を思い出し、深いところにまなざしを向けることが大切なんだと思っているうちに夜があけた、ということでしょう。「明易し」は夏の季語です。

「浅く見ないで深く観る」、これが「見るから観るへ」ということです。つまり、安原さんの一句は、虚子先生の「深は新なり」の教えを学んでいない人には、ちょっと理解しにくいかもしれません。「学んで」はじめて「わかる」世界がそこにはあると思われます。

## 感ずれば通ず

中国山西省《さんせいしょう》北部にある五台山《ごだいさん》は文殊菩薩《もんじゅぼさつ》降臨の地として有名な霊山で、今もたくさんの寺院があります。その中の一つ、金閣寺《きんこうじ》の仏殿に「感而遂通」と書かれた額があります（次ページ写真）。「感《かん》じ、而《しこう》して遂《つい》に通《つう》ず」（感じ、そしてついに通じる）と読みますが、

「感ずれば通ず」
（中国・五台山金閣寺　著者撮影）

大事なのは「感じ」と「通ず」ですから、「感ずれば通ず」と読んでもよいと思います。

「いい言葉ですねぇ。しかし、逆に言えば、感じなかったら通じない、ということでしょうか。勉強不足にはわからない、という意味に受け取れば、これはこわい言葉ですね」

と、あるお坊さんが言っていました。

「そうかもしれません。見たり、聞いたり、読んだりして、そのものをよく知っていると、そのものと出合ったとき、感動を覚えますものね。何も知っていないと、出合っても素通りしてしまいますから」

そう言いながらも、わたしは「感ずれば通ず」という言葉の強さ重さに圧倒されていました。

これと似た言葉に「感応道交《かんのうどうきょう》」があります。辞典には「仏と衆生《しゅじょう》の関係をみると、衆生に機縁《きえん》があれば仏の力が自然とこれに応じ、衆生の感と仏の応とが互いに通じて、かよい交わること」とあり、さらに、「師と弟子とが相投合《あい》することにもいう」とあります。「感ずれば通ず」もこのことをいっているのではないでしょうか。

何ごとも、深く観《み》、深く学ぶ、ということでしょうか。感動、即、仏の道、でありたいものですね。

手のひらの柿より重き入日かな　　大岳

# 八、梅の一生

## ●生きる姿勢を教える〝語り文句〟

求めていると授かる、ということがあります。

若いころ、「梅の一生」という〝語り文句〟と出合ったことがありました。そのときはさほどの感動もなかったのですが、年齢を重ねるとともにそれがしきりに恋しくなり、いつの日かもう一度巡り合いたいと思っていました。

ところが、このあいだ読んでいた俳句関係の書物の中に、「梅の一生」が書かれていたではありませんか。「あ、これだ！」と、やっと巡り合えた喜びに浸《ひた》りながら、わたしは何度もこれを読み返しました。

梅の一生

「二月三月花盛り、鶯《うぐいす》鳴いた春の日の、楽しいことも夢のうち。五月六月実《み》がなれば、枝から振るい落とされて、何升何合量《なんじょうなんごうはか》り売り。もとより酸っぱいこの体、塩につかってからくなり、紫蘇《しそ》につかって赤くなり、七月八月暑い頃、三日三晩の土用干《どようぼ》し。思えば辛《つら》いことばかり、これも世のため人のため。しわは寄っても若い気で、小さな君らの仲間入り。運動会へもついて行く。まして戦《いくさ》のその時は、なくてはならぬこの私」

季語が十三もあることから季節の推移が目に見えるようであり、また七五調で覚えやすくつづられています。最後に「戦」が出てきているところをみると、かなり古くから語り継がれているもののようです。

いま改めて読み直してみると、学ぶところが少なくありません。

「思えば辛いことばかり」と言って、いったん過去を精算し、「これも世のため人のため」と切り替えて、生きる姿勢を前向きにしているところなぞ、お見事です。

苦しかった過去にばかり執着していると、明るい未来は開けてこないようです。心のチャンネルをちょいと切り替えて、「運動会へもついて行く」、こんな元気さを持ち続けていきたいものです。

## ●現在あるのみじゃ

むかし、坐禅中に、「過去のことなどどうでもよい。未来のことなど考えるな。ただ、現在あるのみじゃ」と師僧によく言われたものですが、若いわたしにはさっぱりわかりませんでした。「過去があっての現在ではないのか。現在があっての未来ではないのか」と、心の中で反発していました。

そうしたある日、『般若心経講義』（高神覚昇《たかがみかくしょう》・角川文庫）を読んでいたとき、つぎの教えに出合ったのです。

「――昨日を背負い、明日を孕《はら》める尊い一日。――今日をただ今日としてみる人は、真に今日を知らざる人です。今日の一日を〝永遠なる今日〟としてみる人こそ、真に今日を知れる人です。――この今日に生きる人こそ、真に過去に生き得た人です。未来にも生き得る人です」

これでわたしは安心したのでした。そして、「現在あるのみじゃ」と言われた師僧も、じつは〝永遠なる今日〟を語っていてくれたのだなと、あとになってうなずいたことでした。

過去、現在、未来、これは一つながりのものだと思います。切っても切っても切り離せないのがこの三つの世界だと思うのです。理屈に走らないで、「過去を背負い未来をはらむ」その真《ま》ん中《なか》の今日一日、と軽く受け止めて、時の流れに逆らわず、さらさら生きていくのがよいのではないでしょうか。「梅の一生」の作者は、それを地《じ》で行っているような気がします。

## ●おばあさんの梅干し

小学校五、六年であったか、終戦後間もないころのことです。近所の友だちに誘われて、遠い町へ夏祭りを見に行ったのでした。食糧不足の時でしたから、昼めしらしきものも食べないで、手作りのぞうりをつっかけて六キロの道を歩いて行ったのです。

夏の太陽の照りつける町を歩き回り、小遣い銭も持たなかったから物を買って食べることもできず、空腹と渇《かわ》きと疲れで、とうとうバスの待合室の隅《すみ》っこに倒れ込んでしまいました。

友だちは困って近くにいたおばあさんに助けを求めました。おばあさんはわたしの手を取り、目をのぞき、「あれまあ、この子は腹が減ってるんだよう」と叫ぶと、道路の向こう側のたばこ屋さんに飛び込んでいったのでした。

おばあさんは間もなく大きなおにぎりと水を持って待合室にやってきました。

「これ、食《く》いな。元気になっからさ」

わたしは友だちに背中をささえてもらい、両手におにぎりを持って食べはじめました。

周りに人がたくさんいてわたしを見ていましたが、恥ずかしくもなく、あまりにも体がふるえるので、早く食べなければ助からない思いでむしゃぶりついていたのです。

おばあさんの手からコップの水を飲ませてもらい、ふたたびおにぎりにかぶりついて、びっくりしました。なんと、大きな赤い梅が三つも入っていたではありませんか。

おにぎりの中の梅を、このときほどおいしいと思ったことはありません。わたしはその梅のちからで、たちまち元気を取り戻し、ふたたび歩いて家にたどり着くことができたのです。

たばこ屋さんは、そのおばあさんの家だったのです。わたしはその後二度、このたばこ屋さんを訪ねています。最初は母親と一緒にお礼のご挨拶《あいさつ》に。二度目に伺《うかが》ったのは十数年後でした。都会に出て、学資を稼ぐために物売りをしていたのですが、ある日、旅先のとある丘の上で買ったおにぎりをほお張《ば》っていて、中から梅が出てきたとき、かのおばあさんを思い出して、数日後に汽車に乗って会いに行ったのでしたが——

おばあさんはすでにこの世を去っていました。笑顔の遺影に向かってお経をあげさせてもらい、お茶をいただきながらおにぎりの話をすると、おかみさんがこんな話をしてくれました。

「裏のほうに梅の木が五、六本あるんです。その梅を干したり漬けたりするのはおばあちゃんの仕事でした。うまい、とか、本ものだ、とか言われるとうれしがって、だれかれとなく分けてあげていました。喜ばれることが大好きだったんです。

おたくさまのことも話してくれたことがあります。お母さまとご一緒に来てくださったことや、そのときお寺さんのお子さんだったと知って、〝あんときゃ、うれしかったなぁ。こんなでっけぇにぎりめしをぺろりと食っちまってなぁ。梅を三つ入れといたら、そいつも全部食っちまっただよ〟なんて言って、大きく笑っておりました。

あのときのお寺のお子さんに、今こうしてお経をあげていただいて、おばあちゃんも喜んでいてくれるだろうと思います」

わたしのほうがジーンときてしまうお話でした。

## ●時間の流れとそれぞれの人生

わたしの家にも梅の木があり、毎年六月末になると実を落として漬け込みます。星空

梅に育つ
（著者撮影）

を見て外に干すこともあります。都会暮らしの子どもや孫たちがぞろぞろやってきて梅干しをほお張り、「お、本もの、ウマイ！」などと叫んでくれると、まんざらでもありません。

　今度家族が集まったときには「梅の一生」をみんなで読み合いたいと思っています。なにせ、これは最近巡り合った語り文句ですから、まだ家族のだれもが知らないのです。

そうして、読み合ったあとで、過去から現在、現在から未来へと、一つながりになっているる時間というものについて語り、その時間の流れの中に、それぞれの人生があることを話し合えたらいいなあと、「梅の一生」からそんなことを考えさせてもらいました。

去年今年《こぞことし》貫く棒の如きもの　　高浜虚子

# 九、大悲《だいひ》の本《もと》

## ●弘君のこと

ある日、わたしのところに教え子の栄子さんがやって来て、涙ながらに語っていったのです。

それは、栄子さんの小・中学校時代の同級生〝弘君《ひろし》〟のことでした。

――弘君は、幼いとき両親に亡くなられて、おばあちゃん一人の手で育てられてきました。体は小さいし、勉強も運動も友だちより遅れていたし、いつもきたないなりをしていたので、みんなからばかにされていました。

　その弘君が、友だちにいじめられて一人で泣き泣き帰ってくるのを、田んぼ帰りの私の母が呼び止めて家に連れてくると、お風呂場で汚れた体や顔をきれいに洗ってあげました。そこへ私が帰ってくると、母は私にこう言います。

「栄子、よく聞けよ。おめえにもお父《と》っつぁんはいねえけんど、弘はな、お父っつぁんも、おっ母《か》さんも両方いねんだ。親切にしてやらねえとな。弘がいじめられたら、栄子、おめえが助けてやれや。

　弘、さ、元気出せ。栄子がな、友だちになってやっから、仲良くしろ。ときどきおばちゃん家《ち》へやってこい。毎日《まいんち》でもええぞ。好きなだけ、なんでも食わしてやっから」

　そう言って、母は弘君と私に〝じりやき〟を作って食べさせてくれたんです。私はそのとき、母を立派だと思い、弘君を大事にしようと思いました。

　それからというもの、弘君は行きに帰りに私の家に寄って、食べたり風呂に入ったりしていました。弘君は、私の母にどれほど背中を流してもらっていたかしれません。

　早生《はや》まれの弘君は、十五歳で中学校を卒業し、親類のおじさんの世話で東京の電機製品を作る会社に就職したのです。はがきによく〝おばちゃん元気ですか。栄子ちゃん元気ですか〟なんて書いてくれていたけど、一、二年たつうちにだんだんはがきもこなくなって、なんとなく遠くなってしまいました。

ところがです。その弘君が、私の家を突然訪ねてくれたんです。丸々五年たった一月、成人の日の朝九時ごろでした。

玄関の戸が開いて、〝ごめんください!〟という声がします。晴着《はれぎ》姿の私が出ていくと、真新《ま》しいスーツを着た青年が、大きな箱を片手に下げて玄関の外に立っています。〝どなたさまでしょうか〟と聞くと、

「栄子ちゃん、ぼくです。ぼく、弘です。今日は成人式でおたがいおめでとうございます」

私、本当にびっくりしました。体も大きくなったし、直立の姿と、明るい笑顔が、とても立派なのです。〝えッ、弘君?〟と叫んで立ち上がると、

「すみません、お母さんがおられたら、ちょっとだけお目にかかりたいのですが」

と言います。私はあわてて奥の部屋にいた母を呼んできました。母の驚きようといったらありません。手ぬぐいをかぶったまま玄関に飛び出してきて、

「まあ、弘、弘、弘……よく来てくれた、あんたは……。まあ、立派になって」

と言うと、もう両手で顔をおおいました。

弘君は落ち着いてこう言います。

「おかげさまで、今日成人式を迎えることになりました。式場に行く前に、ちょっとだけご挨拶をしたいと思ってうかがいました」

玄関に入ると、箱をかたわらに置いて、あらためて一礼しました。

「ぼくは東京に出て、この三月で五年になります。仕事は楽ではないし、力仕事に向いていないものだから、毎日叱られどおしでしたけど、どうにかここまでやってこられました。苦しいとき、淋しいとき、ぼくはいつも、親切にしてくれたお母さんや栄子ちゃんのことを思い出して、頑張ってきました。

小学校のころ、いつもいつもお風呂に入れてもらいました。お母さんに背中を流してもらっているとき、ぼくはひざを抱えて涙をこぼしたこともあります。うれしかったのです。そして、風呂から出るとかならずおいしいものを食べさせてもらいました。お腹《なか》が空《す》いて空いてどうしようもないとき、ここの家へ飛び込むと、いつもおいしいものがありました。そのころは、うれしくて、うれしくて、ただ夢中で過ごしていたけれど、東京へ出ていろんなことにぶつかっていくたびに、むかしの思い出がよみがえってきて、お母さんや栄子ちゃんの親切ってすごいものだったんだと、あらためて思いました。

それにしては、この二、三年手紙も書かないでごぶさたし過ぎていましたけど、おかげさまで、やっと二十歳《はたち》になります。どう考えもお母さんや栄子ちゃんのおかげです。成人式を迎える今日、どのようにお礼をしたらよいのかわかりません。

それで、このあいだから考えていたのですが、これを一つ、ぼくの心として受け取っていただきたいのです。これは、恥ずかしいのですが、ぼくが、自分の手で作った電動あんま機です。ぼくはこんなものも作るんです。どうか、これで、仕事のあとの肩の疲れをいやしてください。ぼくの、ほんの気持ちです。

お母さん、栄子ちゃん、ほんとに、ほんとに、ありがとうございました――」

そう言って、弘君は箱の中から取り出したあんま機を、私と母の前に置いて、深く頭を下げたのです。

母も私も、声を出して泣いてしまいました。弘君があまり立派なことを言うものだから、夢ではないかと思いました。

成人式のあとのクラス会で、弘君は元気よく歌をうたったり、電機製品のコマーシャルなんかも上手にやったりして、みんなから拍手を浴びていました。

その晩母は、おそくまであんま機を使っていました。私は母とむかしを語りながら、弘君を偉いと思い、母を立派だと思いました――。

ここまで話すのに、栄子さんは何度涙を拭かれたことでしょうか。

そして、この話をわざわざわたしのところへ届けに来てくれた栄子さんの思いに、わたしもまた胸を熱くしないではいられませんでした。

## ●でっかい「恩」があるばかり

恩を知るは大悲《だいひ》の本《もと》なり
善業《ぜんごう》を開くの初門《はじめ》なり
（『智度論《ちどろん》』）

仏の道を歩もうとする人は、まず最初に恩を知る人でなければならない、と経典は教えています。

「恩を知る人」とは「なされたことを知る人」のことをいいます。今生きているこの自分は、いったいどれだけの人のちからによってささえられ、育てられてきたのか、その一つ一つを思い出せるかぎり思い出していく。まずそこから始めなさい、という、やさしく、あたたかい教えなのです。

そういえば、「恩」という字はよく出来ていますね。「原因に心を寄せる」、つまり、「因」プラス「心」で「恩」になっているのです。もし、「私は今幸せだ」と思っている人がいたら、その幸せはどこから来ているか、原因は何なのか、と深くたずねることが大事だという意味の文字です。たった一字のなかに大変な教えがあるということですね。

先の話のなかで、弘君は「お母さんや栄子ちゃんの親切ってすごいものだったんだ」と言っています。大都会のど真ん中で荒い波にもまれればもまれるほど、「自分は、今、なぜ、ここにいるのか」と毎日考えないわけにはいかなかったでしょう。その思いがいっぺんにむかしの思い出をよみがえらせたのです。

原因に心を寄せていったら、その先にはでっかい「恩」があるばかりだったと。おそらく、弘君は声をあげて驚き、だからこそ、心をこめて〝あんま機〟を作り上げたのだと思います。「なされたことを知る人」とは「恩に報《むく》いる人」でもあるわけです。

栄子さんは、わざわざこのことを教えに、わたしを訪ねてくれたのでした。

茶掛「大悲」
（著者書）

ちなみに、栄子さんは現在、某中学校のＰＴＡ役員として活躍中。弘君は子会社から親会社に移って、一家四人の都会暮らしも軌道に乗っているとのことです。

# 十、一息ついて

人生にはときどき「動けなくなる」ということがあります。「あまりの感動に動けなくなる」はまだよいとして、行き詰まったり追い詰められたりして動けなくなるのは困りものです。そんなときは、ただ困り果てていないで、「待てよ」と思って辺りを見回し、一息つくことが大事と思われます。

## ●柔軟な心に知恵は宿る

ネパールで学んだことを紹介しましょう。

一つ。チャリコットという山村で学校建設の仕事をしていたのですが、滞在日数に限度があり明日は日本に帰ろうとしたとき、私たちのミニバスは動けなくなりました。おんぼろの大型バスが故障して狭い道路をふさいでいたからです。左は深い谷、右は側溝、そして民家の屋根が道路へ突き出しています。

聞くと、大型バスが動くまで一週間はかかるだろうとのこと。私たちはその日のうちにカトマンズのホテルに戻っていなければ明日帰国できず、困り果てていました。

村の長《おさ》が来て言います。

「家を壊してバイパスを作りましょう。車を通してから家を修復すればよいのです」

一行は驚きました。困らなくとも方法はあるよ、と教えてくれていたからです。

仕事はすぐに始められました。つるはし一本のほかはすべて手作業です。民家の石垣も、屋根も、近くの土手をささえる石垣もどんどん崩され、側溝に放り込まれました。土手の上には子どもたちがずらりと並んで、ひざをかかえて楽しげに作業を見下ろしています。集まった見物人はざっと一五〇人。しかし、二〇人余りの手伝い人の力で、わずか一時間足らずでバイパスは出来上がりました。

大型バスと民家の間を、ミニバスは左右数ミリずつの間隔のなかを見事に通り抜けることができたのです。

「ゼーイ、ゼーイ、ネパール！」

と歓声があがりました。「どうだ、見たか。ネパール人はなかなかやるだろう。バンザイ、ネパール！」という意味なのです。

このときの支払いはわずかに五千円。これは民家の修復費で、バイパスを作った手間代は要らないとのことでした。

おかげで私たちはその日のうちに空港のホテルに戻ることができたのでした。

〝ロキシー〟という地酒を飲みながら、一行はホテルの一室で語り合ったのです。

――困り果てると見えなくなる。柔軟な心に知恵は宿る。方法というものはあるものだ。先進国って何だろう。どうにもならない、と考えるより、どうにかなる、と考えよう――などなど。一つ一つにうなずき、反省し合ったのであります。

二つ。じつにちょっとしたことなのですが、わたしにとっては重大な問題なのでした。

タンコットという街の小高い丘に立ち、ヒマラヤの写真を撮ろうとして三脚を張ったときのこと。まるで地の底から湧いて出たかのように人が集まり、ヒマラヤの眺めを遮ってしまいました。これでは写真が撮れないから左右によけて真ん中を開けてほしいと、両手を振って頼みましたが、さっぱり言うことを聞いてくれません。仕方なくガイドに頼んで説明に行ってもらいました。が、ガイドは首を横に振りながら戻ってきて言うのです。

「だめです、だめです。かれらは〝自分が動けば写真は撮れる〟と言っています」

この一言にわたしはギャフンとなりました。なるほど、そうだったのです。人を動かさなくも自分が動けばヒマラヤを撮ることはできたのでした。「まいった」と自分の頭を叩き、かれらに一礼をして右へ移動していくと、かれらは一斉に拍手をしてくれたではありませんか。

なんとしたことでしょうか。「自分が動けば」と言われて「そうだったか」とあわてふためいた日本人、それがわたしだったのですから、なんとも情けなく、消え入りたい思いでいっぱいでした。

中央・エベレスト・8848m
（著者撮影）

日本に帰って間もなく、わたしはあるカメラマンと会う機会を得、「ネパールで何を学びましたか？」と問われて、さきの話をすると、

「そうですか。それはすばらしいことを学ばれました。日本人は、自分では気が付かないのですが、だれもみなごう慢になっていて、指一本で人を動かそうとします。とんでもないことなのですね。あまり発展していない国へ行って、ふとした折に、ハッと気付かされるのです。大きなことを学ばれました。私も気を付けたいと思います」

とおっしゃってくれました。

「自分が動く」――以来わたしはこのことを人生上の問題として大切にしています。

## ● 一息ついて、とぼとぼと

それにちなんで、もう一つ添えたいこと。心が柔軟な母親の一言で、一家の命が助かったということもあるのです。

知人から寄せられたエッセイを、ご本人の了解を得た上で紹介させていただきます。

### おだんごは減ったが

中尾寿満子（島根・74歳）

旧満州大連で暮らしていた私たち日本人の生活が、根こそぎ覆《くつがえ》った昭和二十年八月十五日。

敗戦を知って数日もたたない間に、美しい大連の街並みに轟音を響かせ戦車で進入してきたロシア兵。「イー《一》・アル《二》・サン《三》・スゥー《四》」と声を出し、保安隊と呼ばれる中国の人達が街中を行進するという異様な光景は、当時十歳だった私の脳裏にやきついている。

父は失職。三度の食事に事欠くようになってくるなかで、母が高粱《こうりゃん》の粉を練って小さく握り、油で揚げてくれる〝おだんご〟が、唯一のおやつだった。

砂糖の入らない〝おだんご〟は、うすい塩味。油で揚げてあるので香ばしさが増し、私たち四人弟妹の最高のおやつだった。

十月に出産をひかえていた母が、大きなお腹でその日も〝おだんご〟を揚げていたお昼過ぎ、ロシア兵が二人、銃を突きつけ入ってきた。治安は乱れ、夜の外出は禁止。若い女性は気を付けて避難するようにと注意事項が回っていたが、子ども四人のわが家に昼間乱入してくるとは思いもしなかった。

とっさに母は揚げたての〝おだんご〟を「どうぞ、どうぞ！」とロシア兵にすすめた。家の中を見回していた二人の兵士は、子どもしかいないことを確かめ笑いながら、〝おだんご〟を口に入れ、「スパシーボ」（ありがとう）と帰って行った。

「ふるえていた私たちに、〝おだんご、ありがとう〟の言葉が返ってくるとはねェー」

と驚いていた母。

母の機転で、おやつの〝おだんご〟の数は減ったが、おいしそうに食べてくれたロシア兵の顔と「スパシーボ」の声は忘れられない。

敗戦の日から六十余年が過ぎ、日本へ引き揚げるまでの苦しさは薄れてきたが、高粱の粉を練って油で揚げてくれた一口サイズの香ばしい塩味の〝おだんご〟は、母が作ってくれたおやつとして、心にしっかりと刻まれている。

子を守る母の知恵とはこのようなものかと感動しました。

「心が柔軟な母の一言」、これはこちこちになっていない「やわらかな心」「やさしい心」「しなやかな心」のことを言います。

『法華経《ほけきょう》』（如来寿量品《にょらいじゅりょうほん》第十六・偈《げ》）に「質直《しつじき》意《い》柔軟《にゅうなん》」（素直で心がやさしいこと）とあり、ここから「柔軟心《にゅうなんしん》」という言葉も生まれました。

バイパスを作るということ。自分が動くということ。銃を向けた兵士におだんごをすすめたということ。これらはみな柔軟な心から生まれ出る知恵と言えましょう。

わたしは色紙によく「一息ついて、とぼとぼと」と書きます。行き詰まったと思わないで、一息ついて辺りを見回していると、新しい道も見えてくるものです。見えてきたら、その道を、あせらず、とぼとぼと、歩いていけばよいのだと思っています。

# 十一、「天上大風《てんじょうたいふう》」のほとり

## 良寛さまの書「天上大風」

良寛《りょうかん》さま（一七五八〜一八三一）に、「天上大風《てんじょうたいふう》」という有名な書があります。ある子どもの凧《たこ》の背に書いた文字で、「凧文字《たこもじ》」といわれているものです。

高校二年のとき、書道の教科書でこの書を鑑賞しましたが、その良さ・深さはまったく理解できませんでした。

いま考えると、十七歳の少年にこの書を鑑賞せよというのも、いささか無謀であったようにも思います。

しかし、わからないままでおくというのも口惜《くや》しい気がするもので、わたしは後に上京の折、この教科書を持って出ました。いつか書の大家から「天上大風」の良さを納得のいくまで解説してもらいたい、と思っていたからです。

凧文字・天上大風　良寛書

四年たって、わたしは二十二歳になっていました。「求めなければ得られない」、そう思ったわたしはついに決心をして、一冊の教科書を手にし、名だたる書家の門をたたいて回ったのです。無礼を返り見ずいきなり訪ねて行くのですから、先生がたもずいぶん迷惑をしただろうと思います。

「きみ、書には人生をかけてゆ

くものだよ。まず五十年やってみて、それから〝書とは何だろう〟と考えるべきだ」

ほとんどこんな調子で返され、質問する間も与えられませんでした。

日本書道院創設者の野本白雲《のもとはくうん》先生はこうおっしゃいました。

「良寛という人には、われわれの遠く及ばない高さ・深さがあった。それが書のなかにさながらに表われ出ていた。逆に言えば、書の品格はその人の品格だということ。説明を受けて納得するという世界ではなくて、目をふれたとたんにウームと言って、心の奥のほうで味わう世界のものだと思うねえ。どうぞ、しっかり勉強してください」

と、あたたかいご指導をいただきました。

## ●エノケンさんの教え

ある日のこと、ある書家を訪ねたあと、納得のいかない気分で坂道を下って行くと、大きな門のある家にぶつかりました。表札には〝榎本健一《えのもとけんいち》〟と書いてあります。

「エッ、あの、俳優のエノケンさんか。や、こりゃあすごい!」、驚くのも当然、わたしはエノケンさんの大ファンだったのです。時代劇に登場する、あの歩きっぷりの見事なエノケンさん。笠《かさ》を片手に、右を見、左を見、どこかの土手っぷちを、独特の咳払《せきばら》いをし、唄を歌ってさっそうと歩く、あの姿……「あの人がこの家に住んでいる」、そう思ったとたん、わたしは門をくぐってしまっていました。

いました。あの名優のエノケンさんが、庭の芝生《しばふ》に立っていたのです。

通りがかった一ファンであること、良寛の書がわからなくてこの先の書家を訪ねたことなど、うわずった口調で名乗り出たわたしを、エノケンさんはこっくりうなずいて、縁《へり》に掛けさせてくれました。

「せがれが病気で死にましてねえ。いま、せがれの星がそろそろ出てくるかと、待っていたところです」

沈んだ表情で、腕を組み、夕空を仰《あお》いで言われました。お葬式が済んで、まだ四日しかたっていないところだったのです。とんでもないところへ伺《うかが》ってしまったと思いながら、だまってエノケンさんの話されることを聞いていました。

「どうも、このところ、星が一つ増えたような気がしてねえ。夕方になると、つい空を仰いでしまうんだ。星が増えたの、減ったの、どうでもいいようだが、じつはそうでないねえ。たしかに、せがれの星が出てくるんだよ。どれが、と言われても困るがね。あれがせがれの星だ、と言えばウソになる。あれではないか、そんな気がする……それでいい、それでいいんじゃないのかねえ。

このごろつくづく思うことは、人生は理屈じゃないってことだよ。1たす1がかならず2になるとはかぎらないし、人はかならず死ぬとわかりきっていても、それで涙が出ないわけじゃない。悲しいときはめっぽう悲しいよ。それでいいんじゃないのかねえ。

あんたはお寺さんだというが、わしは、お坊さんに、あまり悟ってほしくないねえ。人間の悲しみの、ようくわかる坊さんであってほしいと思う……」

わたしが「天上大風」の話をすると、エノケンさんはこう続けられました。

「わしの芸だっておんなじことですよ。ここでこうしよう、あそこであしよう……そんなことにとらわれているうちは、いい芸はできないんだよ。自分の芸をスクリーンで見て、あそこはなかなかうまくいった、なんて思うときは、その芸はまず失敗なんだねえ。よくできているときには、スクリーンの自分と、見ている自分とが、一つになってしまって、ハッと気がついたときには映画は終わっているんだ。わしは、書の世界には疎《うと》くて、良寛さんの書もわからないが、わからなくってもいいじゃないか。一生わからなければそれも仕方がないし、あるときひょいとわかれば、それはそれでなお結構なことだと思う。

わしはねえ、星って何だろうって、このごろ考えているんだ。星って、死んだせがれじゃないかとね。いままでそういう見かたで星を見たことはなかった。このごろはそう思って星を見ることができる。大事なことは、悲しみ、苦しみ、さびしさ、切なさ、そういうものをしっかり抱きしめて生きることじゃないのかねえ。

良寛さんの書が、偉い先生がたの言われるように、とてつもなく深く、品格の高いものだとすれば、それは、良寛さんがふわふわ生きていなかった証拠だと思う。厳しい修行もしただろうし、人に負けずに勉強もしただろうし、わしに言わせれば、悲しみをたっぷり持って生きていられたように思うよ。

だから、あんたも、良寛さんの書がわかりたかったら、それを理屈で追っていかないで、一つ一つの苦しみ、悲しみを大事にして、風とか、雨とか、花とか、鳥とか、月とか、星とか、そういうものの声をしっかり聞き取って、そのなかでお釈迦さんの教えを勉強していくことだと思うんだな。そうすると、あるとき、スーッと良寛さんの心が入ってきて、書もわかるようになるんじゃないのかねえ。

なまいきなことを言ったが、とにかく若いんだから、いまのうちに汗を流せるだけ流したほうがいい。わしはわしで、せがれの星を見ながら、これからもがんばりたいと思っているよ……」

エノケンさんは、そう言って、暮れかけた空へふたたび顔を上げました。

五十数年前のこの教えを、いまでもときどき思い出し、忘れてはならないことだと心に銘《めい》じています。

## ●天地との対話

わたしの住んでいる上州（群馬県）は山ばかりですから、空気がとても澄んでいます。秋から冬にかけての夜空の美しさは格別です。月も、星も、一段と輝きを放ち、山河のたたずまいも清澄《せいちょう》そのものです。

いま、わたしは七十五歳。月や星を仰ぎながら、良寛さまの年まで生きられたのだなあと、しみじみ思います。
なのに、「天上大風」の、あの堂々たる風格はまだまだはるかに遠い世界のものです。あの書の空間のさわやかさは、もしかすると天地との対話にあるのではないか、と、このごろ思ったりしています。

大きなお風呂

有賀《ありが》 連《れん》

誰も知らない
ところです。
とても大きな
お風呂《ふろ》です。
月はひとりで
はいります。

月があがった
そのあとは、
星がみんなで
はいります。

――「赤い鳥」大正14・12

こんなにもあったかい童謡があるのですね。良寛さまの心のうちにも、こんなあったかさがたっぷりあったのではないでしょうか。

# 十二、おむすびの詩《うた》

## 〝にぎりめし〟と〝おむすび〟

むかし、東京・神田の古本屋で一冊の本を求めました。『日本の味』（大山澄太《すみた》著・大耕社）、この本は昭和十五年に初版が発行されています。わたしが手にしたのは昭和四十年台で、いまその本を取り出してみると第七版の印刷となっています。

最初の文章は〝にぎりめし〟で、そこにはこう書いてあります。

「――にぎりめしの中からは大根の味噌漬か、梅干かが出てくる。時にはらっきょが出ることもあった。今日は何を入れていて下さるかなと思って口をつけるのが一つの楽しみであったが、たいていは飯ににじみ出ている色で中のものがそれと知られた。（中略）堅く結ばれながら、よく見るとその一粒一粒が踏みつぶされずに米そのものの原形を保っているではないか。個と全とが、こんなに美しく調和されているところに、私はにぎりめしを通して、日本の国柄をしみじみうれしく思うことさえある――」

そして、この文章の最後には一編の詩が添えられていました。

その名も素朴でなつかしきにぎりめしよ
にっぽんのにぎりめしよ
母のにぎったにぎりめし
妻のにぎったにぎりめし
温かい日本人の

手と手で結んだにぎりめしよ

この本と出合って間もなく、わたしは図らずも大山澄太先生とお会いする機に恵まれました。栃木県大田原市の曹洞宗光真寺で開かれた〝緑陰禅《りょくいんぜん》の集い〟に、講師としてご一緒させていただいたのでした。

〝にぎりめし〟の感想を申し上げると、

「おむすび、でもよかったかもしれませんね。むすびは結びですし、日本で一ばん古い言葉、しかも一ばん新しい精神がその中にはらまれていると思います」

とおっしゃいました。

その後何年かたって、わたしは勤め先の高校で、自分の授業（国語）に関係する各クラスの生徒全員に、詩を作らせたことがありました。なかでも次の詩にはとくに感動させられました。

# おむすび

牧野菜々子

風邪をひいて
扁桃腺《へんとうせん》がはれてしまった
北軽《きたかる》の母へ電話をした
「お母さん風邪ひいちゃったよ」――
つぎの日友だちが
母に頼まれたといって
風邪薬にうがい薬――
体温計――
それとおむすびを持ってきてくれた
母のつくってくれるおむすびは大きいので
はずかしいから小さくしてくれと
いつもいっているのに

またまた大きなおむすびを――
つめたくてあったかいおむすび
いきなりかじりついたら
中から漬けものがごちゃごちゃ出てきた

（著者注・北軽＝北軽井沢）

最後の一行を読んだとき、わたしは大山澄太先生の文章を思い出し、おむすびの中から出てくる漬けものが、ことさらかがやいて見えてきました。

## ●慈母悲心

ところが、こういうこともあるのですから驚きます。

ある幼稚園へ出講して、若いお母さんがたにこの詩を鑑賞してもらったところ、一人のお母さんから、質問、というより意見があったのです。

「つめたくてあったかい、という言葉はおかしいと思います。子どもに説明のしようもありません。それから、漬けものがごちゃごちゃ出てきた、とありますが、どんな漬けものが出てきたのか、はっきり書くべきだと思います」

苦笑せざるを得ませんでしたが、驚いたのは、このご意見にうなずいたお母さんがたが少なくなかったことでした。

「おむすびはつめたくても、お母さんの心があったかいのですね。そして、ごちゃごちゃと言ったところに、この子の涙があるのです。じつは、この二点でこの詩は生き生きとしているのですよ」

こう言ったあと、わたしは黒板に「慈母悲心《じもひしん》」と書きました。

「慈母というのは、わが子を思う母の心のやさしさです。悲心というのは、すべての人を救おうとされる仏さまのお心のあたたかさです。ですから、この詩の良さは、大きなおむすびの中からごちゃごちゃと出てきた漬けものによって、お母さんの心と娘さんの心とが一つになったところにあります。その心は、じつは自分が作り出した心ではなくて、生まれながらにして仏さまからさずかっている心なのですね。

このごろは何もかも買って間に合わせますが、ほんとうは手をかけるということが大事なのです。可愛いわが子のために惜しまず手をかけてください。手書き、手づくり、手編み、手伝い、手さばき、手拍子――みんな心がともなっている良い言葉ですね。手ぬき、手ぬかり、手遅れ、はいけないのです」

こう話したら大半のお母さんがたが笑いながらうなずいてくれました。話せばわかる素直な人たちばかりなのでした。

## 〝梅ぼしの種〟と坂村真民さん

ところで、わたしは先に、「梅」のことを書きました（本書73～81ページ）。あの文章を雑誌に発表して間もなく、ある人から一通の手紙が寄せられたのです。

「先年亡くなられた仏教詩人・坂村真民《しんみん》さんが〝梅ぼしの種〟のことを詩に書かれています。すばらしい詩です」

とありましたが、さてどの詩集かと。調べてみましたら『朴《ほう》』（大東出版社）という詩集のなかにありました。

## 種

坂村真民

母の名を種といった
だからわたしは
どんなものの種でも
大切にする
とくに梅ぼしの種は
決して捨てない
必ず割って種を食べる
そうすると
母のいのちのようなものが
わたしに生れてくる
産む
産め

坂村真民さんの書「念ずれば花ひらく」(昭和 46 年)

梅にはそういう
ウブスナの神のような
ふしぎな力がある

なるほど、と思いました。

真民さんと出会ったのは四十年余りも前のこと。群馬県に今井善一郎さんという読書家がいて、ある日、六千円分の図書券をポケットにして本屋さんを訪れ、わたしの随筆集『朝の音』（六月社刊・三百円・絶版）を二十冊買い占め、家に帰って二十人に贈りました。贈られた一人が真民さんだったのです。

真民さんから手紙をもらい、わたしも書き、二人の交流が始まりました。ともども自分の国語の授業を録音し、テープを交換し合って愛媛と群馬の高校生に聞いてもらいました。北鎌倉の円覚寺で開かれた〝仏教者の集い〟で初めてお目にかかり、手を取り合って涙した日のことが、今はなつかしい思い出となっています。

真民さんといえば「念ずれば花ひらく」。前ページの写真の書は、贈られた詩集『朴』

の扉に書かれたものです。

真民さんは「おむすび」について、「むすびあうという、そのなのよさ」と言われました。

これも有名な言葉の一つです。

# 十三、ほのかなるもの

俳人・高浜虚子に、同時作としてつぎの二句があります。

白牡丹《はくぼたん》といふといへども紅《こう》ほのか
白牡丹いづくの紅のうつりたる

「白牡丹の豪華清艶《せいえん》な美しさ」と山本健吉氏は評しているのですが（『定本・現代俳句』角川選書）、それはそれとして、わたしには二句の「白牡丹」が、どうしても人間に見えてきて仕方がないのです。

一句目。あの人にああいう面があるとは知らなかった。

二句目。いつごろからあのように変わってきたのだろう。

俳句をこのように解釈すべきではありません。しかし、一句からいろいろなことを連想し考えることはその人の自由なのです。

## ●いのちの色

わたしの家のすぐ近くを吾妻川《あがつま》が流れています。十キロほど先へ行って利根川《とね》と合流します。

川のほとりに一段高く岩場があり、そこに登ると吾妻の山河が広く見渡せます。

ある日、若いお坊さんをそこに案内したことがありました。

「そこに見える三角形の岩は、こけたのですか?」

「そうらしいよ。昭和の初めごろの地震でずり落ちてしまったらしい」

「泣いてる子どものようですね」

「そう。左の大岩が母親だとすれば、不覚だった、と嘆いているようにも見える」

吾妻川（群馬県）にて
（著者撮影）

「この瀞《とろ》は深いんでしょう？」

「深いね。岩の向こうに渦を巻いているところがあってね、そこにもぐり込んだ水は地中をとおって利根川に出ているそうだ」

「先生はときどきここに来られますか？」

「年に二、三回だろうね。川を見てものを考えるっておもしろいよ」

「どんなことを考えるのですか？」

「この流れはどこに始まっているのだろうと。枝から枝をさかのぼっていったら、その始まりは木の葉から落ちる一滴の水かもしれないよね。それが集まると細い流れができ、合流して大きな流れになる。この川の中にはいろんなものが流れ込んでいる。木の葉、朽《く》ち木、どんぐり、野の花。蜂や蝉や小動物たちの死がい、鳥・魚のふん。人間の生活用水も流れ込んでいるね。雲に乗って来るもの、風に運ばれて来るもの……」

「きれいな水ではないわけですね」

「きれい、きたない、ではなくて、渾然一体《こんぜんいったい》となっているところがおもしろい」

「利根川も、信濃《しなの》川も、同じでしょうか」

「違うと思う。百本が百本、全部違うと思うね。たとえば、利根川の水を一滴、信濃川の水を一滴、同時に半紙に落とせば、乾いたあとの色が違うと思う」

「肉眼ではわからないでしょう？」

「わからないけど、そうとしか考えられない。流れの中身が違うんだもの」

「そういえば、人間にもカラーがありますよね」

「カラーと言わず、色と言いたいね。血の流れ、性格、能力、体力、得手不得手《えてふえて》。顔にしろ、声にしろ、同じ人は一人もいない。それを、その人の色、と言うんだよ。人はよく見ると、その人にしかない色をどこかに持っているね。いのちの色、と言ってもいい。高浜虚子に〝白牡丹〟を詠んだ句があるんだ。知っているかね？」

「いえ、知りません」

「白牡丹といふといへども紅ほのか、というんだ。よく見ると純白ではなくてほのかに紅い色がさしている。これは、はるか彼方の遠い遠い過去からやってきた色なんだね。川の流れの大本《おおもと》からやってきた色。もう一句、白牡丹いづくの紅のうつりたる、というのがある。どこかの紅がうつってきたのではないかと虚子は見た。これもその花の持つ色なんだね。要するに、人はそれぞれ色というものを持っていて、その色は計り知れない遠い過去からやってきているということ。われわれの体の中にも何万人という先祖の血が、川のように流れ込んできている。これはもう変えようのない、いのちの色なんだと思うよ」

「変えられませんか？」

「授かった色はね。けれども、その人のこれからの行為によっては、全体の色が変わっていく。善いことを重ねると水は澄んでいくし、悪いことを重ねると水は濁っていく。

だから仏教では、衆善奉行《しゅぜんぶぎょう》（善いことをする）、諸悪莫作《しょあくまくさ》（悪いことはしない）、と教えているんだね。これは、自分の力で自分の色を美しくしていきなさい、という教えだと思う。人の色というのは、未来を生きる人のために、できるだけ美しい色に変えていかなければいけないと思うね。川の流れを見て、そういうことを考えるのも悪くはないと思うんだがねぇ」

若いお坊さんはしきりにうなずき、虚子の二句をしっかりと手帳に書き留めておりました。

## ●色はほのかにうつっていく

仙台の詩人・小貫今日子《こぬききょうこ》さんに、こういう詩があります。

青

私は　青色

ある時は　澄んだブルー
またある時は　深い紺碧色に
見る人の
感じたままに変わる

青い空　蒼い海と
人は呼ぶけれど
誰も本当の私を知らない
真実の色を

いつも凛として
人を寄せ付けずに生きてきた
そうあるべきと思い込み
そうならねばと縛って来た

赤が交われば
高貴な紫となり
黄が触れ合えば
草木の色となる

それでも私は
青を守り続ける
自分だけの色を求めながら

（詩誌〝風花〟二〇〇九年秋号）

凛とした〝青〟の姿勢がいいですね。それでも青は触れ合うものによってさまざまに変色しているのです。そして、染まりきらないでまたもとの青を守り続ける、というところに、詩人の眼差しのきびしさがあります。

わたしの寺では朝顔をたくさん咲かせます。本堂の軒から犬小屋まで朝顔づくめです。朝顔は同じ種子を毎年繰り返しまいているのに、三十年、五十年後に、まったく別の色や模様を出す花として不思議がられています。

わたしはそれをとくに不思議と思っていません。千年前のおじいさんの血、おばあさんの血が、これから生まれてくる子の性格に現われてくることだってあるからです。生物学ではこれを遺伝といっていて、「生物の形質・性格などが、親から子へ、子から孫へとつたわること」と説明しています。

川の流れの中の、一滴の水の色かもしれないのです。

朝顔が金網の柵をのぼり、犬小屋をすっぽりと包んでしまいました。犬が見ほれているので、そばに行って「きれいだろ?」と言ったら、「ウー、ワンダフル!」と答えていました。

動物に花の美しさはわからないといいますが、そう決めつけることもどうかと思いますね。飼い主に似るものなら、ほのかに色もうつっていくことでしょうから。

# 十四、泰道《たいどう》先生

先年一〇一歳で亡くなられた仏教界の大長老・松原泰道《まつばらたいどう》先生（元龍源寺住職・南無の会会長）とのご縁をいただいたのが、昭和四十年の夏のこと。群馬県曹洞宗仏教青年会が主催した〝緑蔭禅《りょくいんぜん》の集い〟が名刹〝迦葉山《かしょうざん》・龍華院《りゅうげいん》〟で開かれ、講師として先生をお招きし、ご接待申し上げたのがご縁の始まりで、以来、群馬の山奥に何度足を運んでいただいたことでしょうか。

## ●行持綿密

初めてお目にかかったとき、わたしの最初の著書、随筆集『朝の音』（六月社刊・絶版）

を恥を忍んで先生にお送りしたところ、数日後、旅先の先生から電話をいただき驚きました。

「——若山牧水《ぼくすい》に〝枯野の旅〟という詩があるのは知っていましたが、〝草鞋《わらじ》〟という詩があることは知りませんでした。よい詩をご紹介いただだいて感謝しております」

泰道先生に喜んでいただけたことが嬉しくて、わたしは今更のように何度もその詩を読み返しました。

草　鞋　　　　　若山牧水

草鞋よ
お前もいよいよ切れるか
今日
昨日
一昨日《おとつい》

これで三日履いて来た
履上手の私と
出来のいいお前と
二人で越えて来た
山川のあとをしのぶに
捨てられぬ思いもぞする
なつかしき
これの草鞋よ

泰道先生はこの詩を大変にお気に入りで、「履上手の私、出来のいいお前、この呼吸がすばらしいと思います。だから二人と言っているのですね。つまり、草鞋は牧水の分身なのです」と、各地の講演会で話されていたとのことです。

その泰道先生からのお招きで、臨済会主催の〝清風仏教文化講座〟（谷中・全生庵《ぜんしょうあん》）にお邪魔したのが四十年十二月十八日。会場には松原泰道先生、紀野一義先生、大森曹玄老師、平井玄恭老師ほか、仏教界の大先生にぞろぞろお越しいただき、そんなお偉い先生がたの前で、弱冠三十歳の青二才にいったい何が話せるものかと、わたしの体はがたがたと震え上がるばかりでした。

これという話は一つもできず、八方破れに終わってしまって、帰宅してからも頭を抱えて恥じ入っていました。

そこへ早くも、泰道先生からの毛筆のお手紙です。

謹啓

昨日は御遠路を清風会講座にお話をして頂きまして有難うございました　ほんとうに清冽なお話で私はじめ聴講者一同心を身を洗って頂いたようなすがすがしさを感じました　厚く御禮を申し上げます　御著〝朝の音〟をいただき　それがご縁になって〝重々無碍〟にご縁が　重ねられて　そして昨日の清澄な講座となり　ほん

とうに有難いことでございます

母が子に口うつしに食べものをうつしてくれるような完全咀嚼のお話に　私はじめ参聴者は時の移るのを忘れました　同行いたしました者からも先生へくれぐれも御禮を申し上げております　そのまま血となり肉となったと申しております　会衆と私のよろこびを申し上げて御禮といたします

日一日と寒さの増す時です　何卒皆さまお大切に　よいお正月をお迎え遊ばされますよう祈り上げます

敬具

十二月十九日　松原泰道

酒井大岳先生

御案下

泰道先生とわたしとは父と子ほどの年齢の差があります。なのに、このようなご丁重なお便りをくださったのです。わたしは恐縮しきって頭を垂れ、合掌しては何度も読み返しました。

禅語に「行持綿密《ぎょうじめんみつ》」とあります。綿密とはこのことなのだと、しみじみ思いました。

## ●うどんと牧水

そんなある日のこと、わたしは泰道先生から夕食会に招かれました。ジャスミン（夜香木）の香の中で、紀野一義先生（当時宝仙短期大学教授・真如会主幹）とわたしと三人で、飲んだり食べたりしながら語ろうではないか、というお誘いです。

当時わたしは高校の教員をしていましたが、高校の授業を四時間ですませて特急電車に飛び乗り、四時間後、紀野先生より一歩遅れて六時半ごろ泰道先生宅（東京三田・龍源寺）に到着しました。

奥さまの手料理が次から次へと運ばれてくるなかで、お二人の先生の話を聞き、わたしもしゃべり、すすめられるままにお酒もいただきました。

泰道先生とのお話のなかで、次の二つのことを今なつかしく思い起こしています。

一つ、母の手打ちうどんのこと。

「この前お伺いしたときに、おいしい手打ちうどんをごちそうになりました。先生のお母さんはうどん作りの名人なのですね？」

「そんなことはありません。粉しかない時代に、毎日おきりこみばかり食べていましたから、打つことには慣れていたんでしょうけど。偉い先生に食べていただくんだから、と言ったら、どきどきしちゃってよく打てなかったと言っていました」

「ということは、この次こそ、という意味でしょうね」

「はい、そうです。ぜひまたお出でになってください」

「汁のうまさも格別でした。キノコの香りがよかったですね」

「あれは裏の山からわたしが採ってきたものだったんです。うどん好きの先生だとお聞きしていましたから」

「なんでも、一口ごとに一年長生きする思いでいただきました」

二つ、牧水の詩のこと。

「草鞋、という詩を教えていただきました。あれは有名な暮坂峠《くれさかとうげ》で作られたものなのですか？」

「いえ、違います。峠を越えて〝六合村《くに》〟に出ますと、〝小雨《こさめ》〟という集落に突き当たります。そこの小学校の前で草鞋を履き替えたんですね。そのときの作だそうです」

「自分の分身と別れるときに、捨てられぬ思いもぞする、という思いを抱くということ、これが大切なのだと教えられました。牧水に、白玉の歯にしみとほる秋の夜《よ》の酒はしづかに飲むべかりけり、という有名な歌がありますが、酒井先生もお好きのようで」

「はい、これだけは酒られぬ、と言っております。姓も酒井ですし」

左・松原泰道先生　右・著者
（昭和 41 年　東京の龍源寺にて　撮影：紀野一義先生）

この時から四十数年の歳月が流れております。ときどきお目にかかる機会にも恵まれ、また、講演先にも何度かご一緒させていただきました。

九十五歳になられた泰道先生が、講演会後の酒席で「もう一杯！」と、三杯目のビール（中ジョッキ）を注文されたこと。

車で帰られる先生を皆でお見送りに出た時、母親に手を引かれた幼い子が通ったので、わたしがその子に「バイバイ！」と言ったところ、なんと車の中の先生が「バイバイ！」とご返事されたのには驚きました。

前ページの写真は夕食会の折り、正面にお座りになった紀野先生が撮ってくださったものです。このときわたしは三十一歳、泰道先生は還暦を迎えられたばかりでした。

# 十五、ほのぼのと

## ほのぼのと老いるために

「ほのぼのと老いるために」と題して話をすることがよくあります。

――ほのぼの、という言葉はいい言葉ですね。ほのぼのと夜が明ける、と言いますから、人生にたとえれば老い先が明るくなってくる気がします。趣味の道を一筋に歩んでいる人が、晩年になってなんともいえないあたたか味のあるお顔になっているのを見かけることがあります。

また、花を咲かせるとか、小鳥や小動物を飼うとか、俳句や短歌を作るとか、こういうことは、こつこつと続けることでそのまま「ほのぼのと老いる世界」へつながっていくと考えることもできます。

しかし、それだけではなにか淋しい気もしますね。物事に励んでいくその心をしっかりと支えてくれるものが欲しい。それはいったい何でしょうか。ここに三つのことをお伝えしたいと思います。

一つ。この命がこの世に生まれた不思議を思うこと。
二つ。あなたとわたしがどうして巡り合ったか、そのご縁の深さを思うこと。
三つ。いつの世かもしれない誰かのために、よい種まきをしておくこと。

「なあんだ、そんなことか」と思われたかもしれません。しかし、これらにはそれぞれ深い意味があります。仏教の教えのなかにそれを尋ねてみましょう。「ほのぼのと老いるために」の勉強ですよ。しっかり学んでください――

三つの大切なことというのは、多くの教えのなかからわたしが好きに選んだもので、とくに決まりがあるものではありません。（会場によっては別の教えを選ぶことも）

一、「海の底に目の見えない亀がいて、かれは百年に一度海面に頭を出す。一方、海面には一枚の板が漂流していて、その板には穴があいている。その穴に亀が頭を突っ込むことがあるだろうか。ないとは言えない。人の命はそれ以上の奇跡の上に誕生している」（『雑《ぞう》阿《あ》含経《ごんきょう》』）

二、「たとえばここに〝一粒の籾《もみ》〟があるとします。この場合、籾はすなわち因です。この籾をば、机の上においただけでは、いつまでたっても、一粒の籾でしかありません。（中略）一たび、これを土中に蒔《ま》き、それに雨、露、日光、肥料というような、さまざまな縁の力が加わると、一粒の籾は、秋になって穣々《じょうじょう》たる稲の穂となるのです。これがつまり因、縁、果の関係であります。ですから、花を開き、実を結ぶ、という結果は、必ず因と縁との〝和合〟によってはじめてできるわけです」（高神覚昇《たかがみかくしょう》『般若心経講義』）

三、「誰《た》れが為と思はざれども、人の為によからん事をしをきなんどするを誠《まこと》の善《ぜん》人《にん》とは云《い》ふなり」（道元《どうげん》『正法眼蔵随聞記《しょうぼうげんぞうずいもんき》』）

むずかしい学問のようですけど、そんなことはありません。二度とない命、不思議なご縁、どなたも幸せに、ただそれだけのことなのです。

たった三点についての話ですが、それぞれにエピソードを入れたりすると、一時間も二時間もかかってしまいます。

それでも、帰られるお年寄りたちがにこにこされているところを見ると、仏さまの教えを聞いたあとにこそ「ほのぼの」はあるのだなあ、と思わないわけにはいかないのです。

## ●薬師堂のおばあちゃんたち

わたしの寺の前の道を三百メートルほど上のほうへ行くと、左手に薬師堂があります。

かつて、この村のおばあちゃんたちは、毎月八日にこのお堂に集まって、朝から晩までお茶を飲みご馳走を食べ、おしゃべりをしてゆったりと楽しく過ごしておりました。村の人たちがこたつをこしらえてあげ、ポットや茶道具もそろえてあげ、八日になるとあっちからこっちからご馳走が届きました。近くの農家のちょっと若いおばちゃんが、ほとんど一日中、おばあちゃんたちのお世話をし続けました。

ある日、二人のおばあちゃんがわたしの寺にやって来ました。「ただ集まって世間ばなしや思い出ばなしをしているだけではもったいないから、和尚さんにたとえ三十分でもいいからお話をしてもらって、老後を意義深く過ごしたい」と言うのです。

わたしは感動しました。よくぞそんな素晴らしいことを考えついたものです。話をしますから集まってください、と言ったってなかなか集まらないのがこの時世なのに、おばあちゃんたちは自らそれを申し出てきたのです。わたしは喜んでこれを受けました。第一回目のとき、おばあちゃんたちと約束をしました。

「こんないい会にお招きをいただけるなんて、わたしのほうこそ幸せです。毎月八日にはかならず伺いますから、おばあちゃんたちも風邪など引かないで、元気でやって来てくださいね。

ところで、お願いが一つあるんですよ。ここにまつってある薬師如来というおかた、この如来さまはね、人の悪口を言ったり、怨んだり、悔やんだりすることが大嫌いなんです。みんなが幸せになるにはどうしたらいいのだろう、そればっかりを心配されている如来さまなんですね。わが身を忘れて人のために尽くす、そういう如来さまですから、暗い話や、愚痴っぽい話は嫌いなんですね。ですからここに集まったら、なるべく明るい話、美しい話をするように心掛けようじゃありませんか。

みんな、人間ですからね、年を取ってくると、過去のことばっかり話しますよね。それも悪くはないんだけれど、昔のことを話し始めると、どうしても、苦しかったこと、悲しかったことが出てくるんですよね。そして、そんなつもりでもないのに、あの人がこうだった、この人もこうだったと、自然に悪口も出てきてしまいます。一人が言い始めるとみんなもそれに乗ってくる、これはこわいことです。

ですから、なるべくいい話をするように心掛けましょうよ。あの人のおかげ、この人のおかげ、これが一番いいのです。すると、薬師如来さまも喜んでくださいます。美しい話、ありがたい話をたくさんしていくと、お顔が〝ほのぼの〟としてくるそうですよ。

薬師堂のおばあちゃんたち
（昭和 56 年・荻野均氏撮影）

みなさん、もう間に合っていますけどね。さらにさらに〝ほのぼの〟するために、つとめて明るい話題に花を咲かせてくださいね。

〝ほんのり、ほのぼの、ほとけさま〟、どうです、いい言葉でしょ。じゃ、そのことだけ約束してくださいね。毎月の〝八日会〟を楽しみにしていますよ」

おばあちゃんたちは、これだけのことでもう涙を流して喜んでくれるのでした。

半年、一年とたっていくうちに、おばあちゃんたちのお顔が澄んでいきました。〝ほのぼの大会優勝チーム〟となっていったのです。まるで、生きながらの仏さまの寄り合いでした。

ある日、わたしのところへ知り合いのカメラマンがやって来ました。こともあろうに、それが、なんと、八日の朝だったのです。

「あるよ、あるよ。最高の被写体がある」

わたしは、かれを薬師堂へ案内しました。かれの喜びようと言ったらありません。

「どこから撮ってもみんなさまになる。こんな可愛いおばあちゃんたちを見るのは初めてです！」

かれが撮った写真の一枚をここに紹介します。大きな笑い声まで聞こえてきそうな写真ではありませんか。


おばあちゃんたちは、みんな九十何歳かで亡くなられました。美しい笑顔のままで人生を締めくくられたのです。

最近、村の人たちの力で、薬師堂を囲む〝憩いの森公園〟が出来上がりました。お堂の中にはこれと同じ写真が飾ってあります。
新しい〝八日会〟が歩み出しました。

# 十六、心と声と

動物でも、鳥でも、花でも、人間の祈りや願いに応えてくれるという世界があります。経験のない人からは「眉唾物《まゆつばもの》」（信用できない、いかがわしい話）と言われそうですが、けっしてそんなことはありません。経験のある人に言わせれば、それはごく普通のことであり、真実のことでもあるのです。

ただし、その祈りや願いに「真心《まごころ》」がないと、彼らは応えてくれません。そこがおもしろいところなのです。

## ●通じる「真心」

東京でコンサルティングの仕事をしている友人から、ある日こんなはがきが飛び込んできました。

「知人からサボテンをもらいましたが、ちっとも花を咲かせてくれません。そのことを知人に話すと、サボテンに〝お願いだから咲いておくれ〟とやさしくことばをかければ咲いてくれると言います。それを信じて毎朝ことばをかけ続けたところ、一週間目になんと十三こも咲いてくれたのです。これには驚きました。

知人に報告すると〝早く咲け〟と言ったのでは咲かないよ、と教えてくれました。サボテンには人間と同じような能力があるのですね」

こういうことはいくらでもあるので、わたしはとくに驚きもしませんでした。サボテンは人間の真心に応えてくれているのです。

浅間山《あさまやま》のふもとに、〝嬬恋村《つまごいむら》〟という日本で一番広い面積を持つ村があります。そこの〝キャベツ作りの名人〟と言われる人から、ある日わたしは聞いたのです。その人の作るキャベツは小粒なのですが、しっかりしていて味がよく、東京の青果市場などでも一番高値で売れるのだそうです。

「キャベツが玉を巻き始めるころ、軽く手を乗せて〝いい玉を巻いておくれ〟と言って少し揺さぶってあげるんですよ。ただそれだけのことなんです」

キャベツの根に活力が入って、しっかりと玉を巻き始めるそうです。朝三時ごろから六時ごろまで、朝ご飯の前に三千株くらい、広い畑をはい回ってやるのだと言っていました。

ところが、それを息子や娘にやらせるとキャベツはだめになってしまうとのこと。やれオートバイが欲しい、やれピアノが欲しい、とせがまれるので、買ってやるから早起きをして手伝え、と言って畑に連れ出すのだそうですが、息子や娘たちは「なんでこんなことをしなきゃいけないのだ」などとぼやきながらキャベツを揺さぶるものだから、キャベツは首をぐにゃぐにゃにしてしまって、よい玉を巻かなくなるということでした。

「心をこめてわずかに揺さぶってあげることが大事なんですよ。手と心が別々だとキャベツを怒らせてしまうだけです」

その人はそう言っていました。

わたしはこの話にも納得するのです。キャベツを揺さぶるその「手」と、いい玉を巻いておくれ、というその「声」とが、一つのものになっているか、真実であるかどうかを、キャベツは根も葉も一つにして感じ取っていると思うのです。

## ●咲いた桃の花

木にも花にも真心は通じます。

高校に勤めていたころのこと、わたしの準備室の窓の外に、五、六本の若い桃の木がありました。春になると見事な花を咲かせます。しかし、たった一本の桃の木だけは、葉を茂らせるだけで、花の時期になるとまるで枯れてしまうかのように力を失ってしまい、毎年一輪の花さえ咲かすことがありませんでした。

美術の先生、音楽の先生と相談し、校務員さんの手を借りて、四人で桃の木の土壌を替え、肥料を与え、植え直してせん定もしてやりました。しかし、それでも桃の木は来る年も来る年も、もう少しというところでしおれてしまい、けっして花を咲かせることはなかったのです。芸術科の三人は「だめだったか……」と言っては肩を落としていました。

「たのむ。一輪でもいいから、おまえの花を見せておくれ」

わたしは出勤するたびに、自分の机の前の一本の桃の木に手を合わせていました。

まるまる二十年待ち続け、わたしが高校を去る年の春、なんと、驚いたことに、たった一輪、その桃の木が花を咲かせてくれたのです。しかも、わたしの窓の一番近い枝に、わたしのほうを向いて咲いていてくれたではありませんか。息が止まる思いでした。

立ちつくしているわたしのそばに、二人の先生が来て並びました。美術の女の先生が「おめでとうございます」と、つぶやくように言い、音楽の男の先生が「応《こた》えてくれたのですね」と、声をはずませて言ってくれました。

それっきり会話もなく、三人はしばらくの間、一輪の桃の花を見つめて立っていました。

## ●心が声に現われる

仏教に「至心《ししん》」という言葉があります（至心《ししん》とも言います）。そのことに専念すること、一筋であること、つまり「真心《まごころ》」のことをそう言います。

仏さまの称号は、「南無釈迦牟尼仏《なむしゃかむにぶつ》」「南無阿弥陀仏《なむあみだぶつ》」「南無妙法蓮華経《なむみょうほうれんげきょう》」ほか、いろいろな唱えかたがありますが、大事なのは唱えるときの真心なのですね。ほかのことを考えながら唱えたり、打算的な考えをもって唱えたりするのは至心とは言えません。なにもかも一切投げ捨てて、唱える心だけになりきらないと至心ではないのです。

そしてまた、至心であるかないかは、唱える人の声にも現われます。心が真実であると、声も真実です。他を意識して声や節にとらわれすぎると、真心から遠く離れてしまって、仏さまはそれをすぐ見ぬいてしまわれます。それでは唱えても唱えたことにはならないのですね。

「仏《ほとけ》は、専心《せんしん》に憶念《おくねん》せば則《すなわ》ち其《そ》の前《まえ》に現《あらわ》れ給《たも》う」（『華厳経《けごんきょう》』）

仏さまは、真心に生きる人の前に現われる、ということです。専心とは至心のことです。ひたすらその心になりきれる、混じりけのない心になりきれる、そういう人であってはじめて仏さまにお目にかかれる、ということですね。
心が声に現われる、ということについては、書のほうでも同じことが言われています。
「それ言《げん》は心声《しんせい》なり。書は心画《しんが》なり。声画あらわるれば、すなわち君子《くんし》小人《しょうじん》あらわる（言葉は心の声である。書は心の画である。だから、その声その画を見れば、人格者であるかないかがわかる）」（漢・揚雄《ようゆう》）
「心正しければすなわち筆正し（真心のある人間に真心の書がある）」（唐・柳公権《りゅうこうけん》）
いずれも「すべては心の現われである」ということを言っているのです。

## ●やさしい言葉がけをしよう

これらのことから考えても、サボテンの話、キャベツの話にも納得させられますね。

たとえ相手が植物であっても、どこかに目があり、どこかに耳があり、こちら側の仕草や言葉がけに、真心があるかないかを見ぬく心が備わっているのだと思います。

至心に祈る102歳
（著者撮影）

でも、科学的な証明がなければ信じるわけにはゆかない、という人たちが、現代にはあまりにも多すぎます。それはさみしいことですね。この目で見なければ信用できない、ということは、自然界の生きとし生けるものとの対話が、きわめて浅いと言っても過言ではないと思います。

わたしたちはもう少し積極的に、自然界のすべてにやさしい言葉がけをしてゆくべきではないかと思います。

真心のある語りかけには、うれしい答えが返ってくるものです。

唱えればそこに、仏さまがいらっしゃるように――。

# 十七、真実は虚《むな》しからず

## ●本もののひかり

「にわか造り」という言葉があります。建物・庭・衣類・食品、あらゆるものに当てはまると思いますが、この言葉にはあたたか味がないですね。急ごしらえのことだから止むを得ませんが、飾ってはいるが薄っぺら、きれいだけれども軽っぽい、こういうものがざらにあります。とくに現代にはそれが多いように思われますね。

これに対して「筋金入り」というのがあります。物にはめこんだ銅とか鉄の棒、これが入っているものは見た目は地味でもしっかりしています。派手ではないが深みがある。

飾らないのに美しい、こういうものには、歳月を経ても飽きない、という魅力があります。

あるとき、一人の大工さんとこんな会話をしました。

「大工さんは〝桐《きり》の木と琴〟の話を知っていますか？」

「琴ですか。琴は桐の木で作りますよ」

「そう。だけど、同じ桐の木でも、特別上等の桐の木でないと、琴は良い音色《ねいろ》を出さないそうだ」

「上等、というと、育ちがよかったということですね」

「ずばり。育つ環境が問題だそうだ」

「すると、強い風の当たらない静かな環境ということですね」

「よく知っている。さすがは大工さんだ」

「木には風を好むのと好まないのとがありますからね」

「そうらしいよ。桐の木はね、苗木のころ静かなお寺の境内に植えられて、朝に晩に鐘の音を聞きながら三十年育った桐の木、これが上等な音色を出す琴になるんだそうだ」

「へえ、それは初耳です。鐘の音を桐の木が吸い込むわけですね。それ、筋鐘（金）入りと言っていませんか？」

「うまい！　今のはコトによかった。琴を作る職人さんから聞いた話だよ。信じられるかね？」

「信じられます。木というものは、もともと音に敏感なんですね。静かな環境のなかで育った木は性格が素直です。とくに桐の木は目通りがよくて狂いがないから、琴やたんすや掛け軸の箱などに用いられますね。決まった時間に鐘の音を聞けた桐の木なんて最高に幸せですよ。いい音色を出すのは当然でしょう。昔の職人さんはそういうことをよく知っていたと思います。苗木のころから、というところが決め手ですね」

「子育てなんかもそうかもしれないね。目に見えない音を毎日待っていて、それを身の内にしっかり蓄えていざというとき最高の音色を出す、そういうことって人間にもありそうな気がするよ」

「吸収と発散ですね」

「そう言えるかもしれない。長い時間をかけて身の内を調える、これが大事なのかもしれないね」

「本ものには、きらきらしない光、目立たない光、があります」

「華やかでなく、落ちついている光。それが〝本もののひかり〟というものなんだろうね」

大工さんとの〝本もの談義〟はずっと続きました。話せば話すほど心のあたたまる思いがしました。

## ●一途であること

長い時間をかけていいものを作る、ということで思い出したことがあります。これもその時大工さんに話したことですが。

むかし、日展の工芸部門で、竹細工の〝花器〟を見て動けなくなったことがあります。かなり大きな作品でしたが、編みかたの工夫、変化、全体の曲線美、にも打たれましたが、それ以上、竹そのものの光沢の品の良さにあきれかえってしまったのです。

三十分近くも見ほれていたでしょうか。肩をたたかれたので左を見ると、白髪を垂らした老人が立っていました。

「私の作です。あなたがこれを見てなぜ動かずにいるのか、それを聞かせてください」

どぎまぎしながらこう答えました。

「私の家は竹やぶに囲まれています。でも、こんな、黄金色の竹を見たのは初めてです。色づけをしなくとも、竹はこんなにも美しい色を出すのでしょうか」

老人はほほえみ、うなずきながら、何かを思い出すように話してくれたのです。

「知っているだろうか。ごぼうの種をまくとき、畑の土を深く掘るでしょう。人間の背丈くらいの深い堀を。あれと同じものを畑に作るのですよ。

そしてね、最初にもみ殻《がら》を厚く敷きます。その上に竹を四、五本、触れ合わないように並べて置いて、さらにその上にもみ殻を厚くかけて、また竹を並べる。これを五、六回重ねて、最後にわらを厚くかぶせて土を盛りますね。こうすると三十本ほどの竹があたたかいもみ殻の中で、深い眠りにつくことになります。これを十五年間寝かせます。十五年ですよ。ですから毎年作品を作り続けるなら、竹の寝床も十五本作るということになりますね。

一つの作品を仕上げるには、十こくらいの失敗作が出ますから、毎年三十本ほどの竹が必要なのです。こうしないと竹は黄金色になりません。これは私の発案ではなくて師匠から伝えられたものです。良いものを作るためには、その準備にたっぷり時間をかける、ということが大事でしょうね。それから、もみ殻でもわらでも、手抜きをすると竹を怒らせますから、良い作品は出来ないのです」

丁寧な説明にわたしは心を打たれました。十五年間竹を寝かす、手抜きをすると竹を怒らせる、これらの言葉はこれからの人生と深いかかわりを持つだろうと、そのときも思い、いまも思い続けています。

この話を聞いた大工さんは、感動したと言いながら、こうつぶやきました。

「のみが研《と》げれば一人前……」

一途である人の言葉には、きらきらしない美しさがあります。

## ●手を抜いたら、手がかかる

越前市・御誕生寺《ごたんじょうじ》の板橋興宗《こうしゅう》老師は、最近の寺報にこう書かれています。

——粘土をこね合わせて作ったものであるが、製作者の熟練度が焼き込まれているのだろうか、それを眺め手にしているだけでも、理屈なしに心がひかれる。

「年期」をかけた人の作りあげた物は、どこか「ひと味」ちがう。

これを「ほんもの」の魅力というのであろうか。

人間も一つのことに向かって努力しつづけた人には、それなりの人間味があるように思う。

「底光り」するような人になりたいものだ。


熟練度、年期、ひと味、ほんもの——そして最後が「底光り」です。

「桐の木の琴」も、「竹の花器」も、みんな本ものです。本ものはおとなしく、つつましやかです。そして、本もののほほえみほどあたたかいものはありません。

『般若心経』に「真実不虚《しんじつふこ》」（真実にして虚《むな》しからず）とあります。これは「本もののほほえみはあたたかい」ということでもあります。仏さまの教え（智慧）のなかに生きてゆく人たちの、ごまかしのない真実のほほえみには、「虚しい」ということはないのです。

「手を抜いたら、手がかかる」
（長谷川富三郎先生）

手抜きのない仕事をしている人たちの、何の屈託もないおだやかさも、虚しからずの世界と同体であると言えましょう。

板画家・長谷川富三郎先生に「手を抜いたら、手がかかる」ということばがあります。手を抜いたために悪い結果を招き、やり直しができなくて苦しんでいる人は少なくありません。

本ものの道を避けて通ろうとする現代人への警告だと、わたしは受け止めています。

# 十八、花ありて

## ●三編の花の詩

本稿を執筆している今、ちょうど花の季節です。

いろいろな花が咲き乱れています。花を見ると心が安らぎます。色が美しく香りが高いからでしょうか。いつも黙っているからでしょうか。風に従順だからでしょうか。いさぎよく散るからでしょうか。

三編の花の詩に学びます。いえ、花を見たときの詩人の思いに親しみたいのです。

## かよわい花

三好達治

かよわい花です
もろげな花です
はかない花の命《いのち》です
朝さく花の朝がほは
昼にはしぼんでしまひます
昼さく花の昼がほは
夕方しぼんでしまひます
夕方に咲く夕がほは
朝にはしぼんでしまひます
みんな短い命《いのち》です
けれども時間を守ります
さうしてさつさと帰ります

どこかへ帰つてしまひます

（『三好達治詩集』・白鳳社より）

朝がお、昼がお、夕がおの命のはかなさは誰でも知っていて「あたりまえ」なのだけれど、おしまいの三行「時間を守る」「さつさと帰る」「どこかへ帰る」が「あたりまえではない」のですね。

詩人は花を見ながら人間のことを考えているのです。

人間の寿命はさまざまですから、死にざまもいろいろで、さっさと帰れない人が大部分です。

しかし、よくよく考えてみれば、花の帰るところも、人間の帰るところも、どうやら同じ世界のようです。詩人はそれを「阿弥陀如来のふところ」とも「大宇宙のかなた」とも言いませんでした。「どこか」としか言いようがなかったのです。この詩の眼目はそこにあると言ってよいでしょう。

それにしても、時間を守ってさっさと帰ることのできる花と、それがかなわない人間の命と、なんという違いがあったものでしょうか。

静かなまなざしで花を見つめ自分を見つめることの大切さを、この詩は教えてくれます。そして、なんとなく、「いつか」「どこかへ」でよいのではないかと思わせられるから、不思議な詩だと思うのです。

花のたましい

金子みすゞ

散ったお花のたましいは、
み仏《ほとけ》さまの花ぞのに、
ひとつ残らずうまれるの。

だって、お花はやさしくて、
おてんとさまが呼《よ》ぶときに、
ぱっとひらいて、ほほえんで、

蝶々《ちょうちょ》にあまい蜜《みつ》をやり、
人にゃ匂《にお》いをみなくれて、

風がおいでとよぶときに、
やはりすなおについてゆき、

なきがらさえも、ままごとの
御飯《ごはん》になってくれるから。

（『金子みすゞ童謡全集』ＪＵＬＡ出版局より）

花をよく見ています。深く見ています。そして、丁寧に、善意に、花の一生を描きました。

おてんとさまに応え、ほほえみ、蜜をやり、匂いをくれ、風に散り、ままごとの御飯になる。この美しい見事な生きようは、これはもう、「み仏さまの花ぞの」に生まれ変わるしかありません。

　そこで考えられたのが最初の三行だと思いますね。「み仏さまの花ぞのに、ひとつ残らずうまれるの」と真っ先に断言しているのは、後に十分の用意があるからです。「だって」と言って説明するときの、みすゞさんの得意の笑顔が目に見えてくる詩です。

　わたしたちも、なんとかして「み仏さまの花ぞの」に生まれ変わりたいものですね。それにはこの詩の花のように「良い仕事」を沢山しなければなりません。

　あるお寺さんへ行きましたら、この詩が大きな紙に書かれ、廊下に貼ってありました。住職さんが言っていました。

「わたしの口からね、〝与えて与えて与え尽くそう、それが布施のこころなのです〟なんて言ってもね、みんな笑っているだけなんですよ。それよりお茶を飲みながらね、この詩を見てもらって〝ふうん〟とうなずいてもらえれば、そのほうが花ぞのへ行ってもらえそうな気がしますからね」

　と言って大きく笑っていました。眉毛が長い、笑顔の美しいお坊さんでした。

花無心　　　　良寛

花無心にして蝶を招き
蝶無心にして花を尋ぬ
花開くとき蝶来たり
蝶来たるとき花開く
吾もまた人を知らず
人もまた吾を知らず
知らずして帝則《ていそく》に従う

（『良寛詩集』・木耳社　原漢詩）

花と蝶と、招いたり尋ねたりしていますが、双方ともに無心であるところがいいですね。約束ごとではなく自然にそうなっているというのです。人も自分も同じようなもので、お互い縁あってふれ合っているだけで、これも自然がそうさせているに過ぎないと言います。「帝則に従う」というのは自然の法則にかなっているということです。

中国の古い童謡に「不ㇾ知不ㇾ知、従㆓帝則㆒」というのがあって、これは「知らない、知らない、自然にまかそ」という意味の言葉だそうです。人間の計らいは当てにならない、天意にまかせるのが一番だ、ということなのですね。

## ●無心の花、無心の蝶

みなさんは「ユズンボウ」という虫をご存じですか。

近くの農家のおじさんが黒ごまの実を沢山持って来てくれたので、これだけ採るのは大変でしょう、と聞いたら、

「なあに、みんなユズンボウが作ってくれるんさ」

と言っていました。

ユズンボウは漢字で「柚子坊《ゆずぼう》」と書きます。チョウやガの幼虫で、芋の葉やごまの木の葉をよく食べる「芋虫《いもむし》」のことですね。

ユリの花とクロアゲハ
（著者撮影）

柚子坊はごまの木の葉を下からだんだんに食べていって、一番上の葉まで食べると十分足りて、その後は土にもぐってしまいます。一方ごまの実のほうは柚子坊が葉を全部食べてくれるおかげで、しっかりと実を結ぶことができるのだそうです。どちらも「おかげさま」で生きているのですね。それも、双方ともに約束ごとを果たしているわけでもなく、自然がそうさせるままにまかせているだけの話です。立派に帝則に従っています。

驚くのは柚子坊のサナギが羽化《うか》す

ると、あの美しいアゲハチョウ（揚羽蝶）になるということ。飛び方に躍動感があって、左右の翅《はね》の下のほうには尾のように飛び出た部分があるので、アメリカではこれを「ツバメの尾」と呼んでいるのだそうです。キアゲハ（黄揚羽）よりもクロアゲハ（黒揚羽）のほうが動きが速く、これを写真に撮ることはなかなか難しいのですよ。

無心の花。無心の蝶。本当に無心であるかどうかは花や蝶に聞いてみなければわかりませんが、自然に逆らってばかり生きている人間から見ると、見事に「帝則に従って」いるのです。

三編の詩にはそれを見る深いまなざしがあります。

# 十九、生きてゆく二人

東日本大震災が発生して半年以上が過ぎ去りましたが、本稿を執筆している現時点で、まだまだ大勢のかたが避難先で不自由な生活を余儀なくされています。

被災されたお二人のことをお話しいたします。

## ●一枚のはがき

見渡すかぎりのがれきの山。大津波が、美しい港の街を一呑《の》みにしてしまったのです。

耕作さんは、家が高台にあったためかろうじて助かりました。

大地震の二週間後、避難所の前の坂道を少し下ったところで、耕作さんの目に止まったものがありました。変わり果てた海辺のほうから、黒い人影がこちらに近づいてくるのです。坂の途中まで来ると、その人は立ち止まって耕作さんを見上げました。

「耕作さん、よく生きておいでたね。生きていないと、これが渡せないからね。まったく、えらいことになりました」

郵便配達のおじさんから、耕作さんは一枚のはがきを受け取りました。そこにはたった五行、こう書いてありました。

どうか生きていて下さい
きっと助かるものと信じています
助からなかった人の命を抱いて
しっかり生きていってください
一歩一歩に光がさしてくると思います

二人は肩を抱き合っておいおい泣きました。「ありがとう」の言葉が、のどの奥で、ごろごろと鳴るばかりでした。

何を隠しましょう。じつは、そのはがきを書いたのは、このわたしだったのです。耕作さんから、その時のことがはがきで細かに伝えられて来たのでした。市の職員のかたから、はがきとボールペンをもらって、その夜のうちに書いてくれたものでした。読み終わらないうちに、わたしの目からは涙が落ちて止まりませんでした。

耕作さんは八十五歳になります。二十五年前、高校教師を定年退職しましたが、生徒たちの生活相談役を自ら買って出て、無報酬で高校通いを続けていました。奥さんに先立たれて一人ぼっちになったあと、半身の自由がきかなくなり、市からの援助を受けながら歯を食いしばって一人暮らしを続けてこられたのです。

耕作さんがまだ高校教師をしておられたころ、招かれてわたしがその高校に出講し、以来二人の間に手紙のやり取りが続いていたのでした。

東北地方が巨大地震に襲われたとき、わたしは耕作さんのことが心配で、あらゆる筋に電話を入れましたが、まったく通じませんでした。

書いたはがきが無事耕作さんの手元に届いて本当によかったと思います。

それにしても、耕作さんはどうしてその日、避難所の外に出て坂道を下り始めたのでしょうか。一枚のはがきが耕作さんを呼んでいてくれたものでしょうか。見たこともないその坂がいまわたしの目に見えてくるのです。

## ●曲がっても生き続ける木

もう一人のかたは京子さんという五十七歳の女性で、食料品店を営んでいましたが、大津波でご主人と長男夫婦を亡くされました。

被災されて一か月、わたし宛の便りにこんなことが書かれていました。

「――大丈夫ですか、と声を掛けて知り合って、家族を失った者同士が姉妹のように避難所での生活を続けています。

先生、おねがいがあります。四年前、先生がこの地でご講演をなさったとき、風に吹かれて曲がってしまった一本の木の話をしてくださいました。それでもその木は耐えながら生き続け、枝に小鳥をさえずらせている、というようなお話でした。避難所の前に、一本の倒れそうな桜の木があります。それを見て思い出したのです。あれはどなたかの詩であったと思います。今の私はその詩を知りたいのです。生きる力としたいのです。新しい友とその教えを大切に、毎日を頑張ってゆこうと思っています。

先生、お手数でも、そのときの詩をお教えくださいませ――」

四年前とあったので、すぐに記録をたどることができました。京子さんがおられた街のコミュニティセンターで、たしかにわたしは一本の木の話をし、一編の詩を紹介したのでした。

拙著『金子みすゞの詩と仏教』（大法輪閣刊）のなかに載せたその詩を朗読し、木についての話をしたことがわかりました。

## 曲った木

山村　暮鳥

うすぐらい険悪な雲がみえると
すぐ野の木木はみがまえする
曲りくねった此の木木
ねぢれくるはせたのは風のしわざだ
そしてふたたびすんなりとは
どうしてもなれない
そのかなしさが
いまはこの木の性となったのか
風のはげしい此処の曲りくねった頑固な木木
骨のやうにつっぱった梢にも雨が降り
それでも芽をつけ

小鳥をさへづらせる
まがりなりにも立派であれ
ああ野にあって裸の立木
ああ而《しか》もなほ天《そら》をさす木木

（『山村暮鳥詩集』・思潮社）

京子さんはよくこのことを思い出してくれたと思います。大地震で倒れそうになってしまった避難所の前の桜の木がなければ、思い出さなかったのかもしれません。

この詩には、「ふたたびすんなりとはなれないかなしさ」が、「この木の性《さが》となった」とありますが、おしまいのところに、「それでも芽をつけ、小鳥をさへづらせる」とあるので、おそらくこれが京子さんの心に印象づけられていたのだと思います。

思い出していただけて、わたしのほうこそ感動させられました。

愛する家族を失った人たちの目の前には、真っ暗な未来があるばかりかと思われます。そのなかを歩いてゆかれる京子さんには、どうしても心を支えてくれる〝ことば〟がなければならなかったのでしょう。そしてやがては、「自分」という木の梢に小鳥をさえずらせたいと、希望を育てはじめているに違いありません。
わたしはさっそく、「曲った木」を筆書きにして京子さんのもとに贈りました。

## ●忍耐最も健なり

『法句経《ほっくきょう》・七』を訳してみると、木は弱いものにたとえられています。

「世の中を快楽の場と見て、欲望のおもむくままにふるまい、食べ放題に食べ、信念をもって仏道に励むということをしない人、このような人は、たちまち悪魔の手によってとらえられてしまうであろう。それはちょうど、強い風が弱い木を倒すようなものだ」

ところが、倒れそうになったり、曲がってしまった木でも、耐えることによって力をたくわえてゆくと、やがては天をさす木ともなれ、人間に生きる希望を与えてくれます。

花に雪
（著者撮影）

「忍耐《にんたい》最も健《けん》なり」（『四十二章経』）とお釈迦さまがさとされているとおりです。

震災に遭われた人たちが、たとえ小さな言葉を支えとされるとしても、それで勇気を取り戻され、より明るいほうへと歩んで行かれるとすれば、これにまさる大きな力はないのではないでしょうか。

わが家の満開の桜が、春の雪の重さで倒れそうになりましたが、「これしきのことで」という桜の声も聞こえてきましたので、わたしは安心して見つめていたのです。

# 二十、信じて疑わず

## 亀の鳴き声

歳時記に「亀鳴《かめな》く」という季語が載っています。本当に鳴くのか鳴かないのか。肯定派は「この目で見、この耳で聞いた」と言い、否定派は「発声器がないのだから鳴くわけがない」と言い、昔からこの論争には決着がつかない、ということです。

ある歳時記にはこう書いてあります。

「実際には亀が鳴くことはなく、情緒的な季語。藤原為家《ためいえ》の題詠歌〝川越のをちの田中の夕闇に何ぞと聞けば亀の鳴くなり〟（『夫木《ふぼく》和歌抄』）によるといわれ、古くから季語として定着している」

と。

むかし、ある雑誌に「亀はなぜ鳴かないか」という一文があり、そこには、

「——カエルの雄《おす》には〝声のう〟という共鳴袋があり、哺乳類には〝声帯〟という発声器があり、鳥類には〝鳴管〟という発生器がある。亀には声のうも、声帯も、鳴管もないから、声は出ない」

とありました。

ところが、不思議なこともあるもので、この文章を読んだその夜、このわたしが亀の鳴き声を聞いたのでした。

後に、そのことをある雑誌に書いているので、部分を紹介します。

——当時、わたしは横浜の叔父のところに下宿をしていた。夜中に「ピーッ、ピーッ」という澄んだ美しい声が聞こえてきた。起きて廊下を行き、お勝手の流し

台の前に立つと、なんと、洗面器の中の亀が、ありったけ首を伸ばして鳴いているではないか。叔母も起きてきてわたしの後ろに立った。子どもたちが街から買ってきて可愛がっていた亀だが、それが、流し台の前の、板の間《あいだ》から差し込んでくる月光の中に首を突っ込んで、「ピーッ、ピーッ」とのどを震わせて鳴くのである。なんという、美しい光景であったことか。

翌朝、亀は死んだ。亀の寿命は長いから、その死に巡り合う人はまれだそうだ。わたしは思った。亀は月の美しい晩、しかも「死ぬ」というその前の晩、思いきりのどを震わせて鳴くものではないかと――

声帯のあるなしにかかわらず、わたしはこの真実を大切にしています。

「亀鳴くと華人《かじん》信じてうたがわず」（青木麦斗）、いい句だなあと思うのですよ。

## ●ヒマラヤの大ワシ

一九九三年二月二十八日、早朝のことです。

ネパールの山の中、チャリコットというところに小学校を建設しており、前夜遅くまで村の人びととの交流会があって、一行十一名はロキシーという強い地酒を飲んで、ぐっすり寝込んでいました。石ころだらけの土間に寝袋一つで眠るのですから、酒でも飲まなければ体が痛くて寝つかれないのです。

目を覚まして時計を見ると、五時十分過ぎです。他の十人は大いびきで、わたしがガサゴソと音を立てても気がつきません。

「今だ！」と思い、みんなの頭をけらないよう気をつけながら外へ出ました。

晴れています。大地は真っ暗ですが、東の空が開けはじめていて、ヒマラヤの横たわっているのがよく見えます。日の出の写真を撮るには、こちらも高い所へ登らなければなりません。懐中電灯を失くしてしまったので、手さぐりで道を確かめ、山を登り始めました。野犬やら鶏やらの群れに襲われましたが、どうにか振り払って岩場にさしかかりました。一歩踏みはずせば千尋《せんじん》の谷です。目を見開き、足場を確かめながら、岩を抱くようにして上へ上へと登って行きました。

学校を出てから五十分、ちょうど六時ごろだったと思います。山のてっぺんらしい岩場に出た瞬間、「あっ、死ぬ！」と思いました。なんと、オオカミが群れをなしていたのです。カメラのシャッターボタンを押してしまっていました。昨夜電池を詰め替えたばかりのストロボです。パッと強烈な光が飛んで、オオカミどもの顔面を襲いました。ボスらしい一匹が驚いて谷へ逃げ出すと、他の全部がほえながらそれを追います。「しめた！」と思ったらわたしは、滅多打ちにフラッシュを浴びせました。自分もほえながらです。その声とストロボの威力は、オオカミどもを全部谷底へ追いやったのです。

それはけっして長い時間ではありませんでした。ほんの三十秒くらいの戦いであったと思います。

「ああ、おれは助かった。シャッターボタンに指がかかっていなかったら、おれはかみ殺されていたんだ」

そう思ったら、とたんに体が震え出してきました。

ふと、遠くの山を見ると、なんという不思議なことか、ヒマラヤにまたがって大ワシが現われています。オレンジ色の空、真っ黒な山とワシ。その両翼のギザギザも美しく、くちばしも調《ととの》っています。いきなりレンズを向け、恐怖と興奮のなかで、カシャッとシャッターを切りました。

すると、カメラがジィーッと鳴るではありませんか。三十六枚撮りのフィルムを、その時撮り終わっていたのです。あれッと思って、あわててフィルムを入れ替えた時、もう大ワシの姿は大きく崩れ去っていました。

雲だったのです。ヒマラヤから生まれた雲が一固まりとなって、強風にあおられながら一瞬大ワシの形を創ったものだったのです。

わたしは興奮しきっていました。オオカミを追い払うために三十五枚のフィルムを使いはたし、残った一枚が大ワシの姿を捕えたのです。手ごたえは確かでした。

反対側の谷沿いの岩場を下り、村道に出ると、道端の大岩によじ登って、村の下方を見渡しました。

十分ほどすると、下のほうからライトをつけておんぼろバスがやって来ました。日の出の写真を撮ろうとする仲間の一行が、わたしを探しながらやって来たのです。

飛び乗って今の話をすると、若者たちは信用しません。通訳の説明によると、ヒマラ

ヒマラヤの大ワシ
（著者撮影）

ヤの雲はいろんな形を創ってくれるので、世界中のカメラマンがやって来るとのこと。しかし、まだ大ワシの写真を撮った人はいないから大事にしてください、ということでした。

日本に帰って、出来上がった写真を見ると、大ワシは見事に撮れていました（上写真）。

五時十分に起きなかったらこの事実はありません。オオカミと戦ったこと、フィルムが一枚だけ残っていたこと、すべてがこの写真のためにあったようなものです。瞬時のことであり、一回かぎりの出合いなのに、きちんとその形は残されたのでした。

宇宙物理学者の佐治晴夫先生にこの写真をお見せしたら、先生は即座にこうおっしゃいました。

「これは四十数億年前、つまり地球が誕生した時点から、この日この時、大岳さんに撮られるべく、宇宙が準備を進めていたものです」

学者らしい静かな口調でした。まちがっても「すごい！　これ、大岳さんが撮ったの？　ホント？　信じられないなあ」なんて、けっしておっしゃることはなかったのです。

じつは、かつてこの写真をNHK教育テレビで紹介したことがあります。その直後、全国から「一枚欲しい」「トリックではないか」と電話や手紙が殺到し、それこそ大ワシにでも乗ってヒマラヤの彼方へ雲隠れしたい思いでした。

## ●「信じて疑わず」が最高

信じられない、ということはさみしいことですね。得難い事実を否定することですから。「信じて疑わず」、これが最高です。

人の手なければ
宝の山に至るといえども
ついに得るところなきがごとく
信の手なき者は
三宝《さんぼう》に逢うといえども
得るところなし
（『心地観経《しんじかんぎょう》』）

仏法の大海《たいかい》には信を以て能入す
（『智度論《ちどろん》』）

# 二十一、おとずれ

## ●メダカとの出合い

昭和四十七年の春、十四か月入院生活をしていた妻が、三人の幼い子どものいるわが家に退院してきました。満開の花に負けず、家の中は明るくなったのです。

医師の指導にしたがい、週に一度、わたしは妻を連れ吾妻川《あがつま》のほとりを散策しました。新鮮な空気を吸いながら、少しずつ体力を養う努力が欠かせなかったからです。

広い河原には所どころに水たまりがあり、メダカが泳いでいました。たたずんで、こんなことを思ったのです。

「散ったり、集まったり……人間だって同じようなものだ。誕生・死亡、祝儀《しゅうぎ》・不祝儀、入学・退学、入院・退院、失敗・成功、運・不運……あれやこれやと、みんな忙しく飛び歩いている。

今こうして妻と河原に立っていることも、長い時間のなかでは束の間《つかま》のことかもしれない。やがて健康体が戻る。子どもたちが生長する。大声を張り上げて飛び回る日もそこにあるのだ。どこの家だって同じだ。みんな東奔西走《とうほんせいそう》している。美しいことだよ、これは――」

はっと気がついてみると、水たまりの水はまったく動いていません。メダカだけが散ったり集まったりしていて、水は泰然《たいぜん》として動かないでいるのです。

「大自然のなかの人間の小ささ。メダカも人間も、この一刻を生きることが尊いのだ」

そう思ったとき、一句が生まれました。

目高散り目高集まり水動かず

これを俳句雑誌で見てくれた一人の男性から、大きな文字の手紙をもらいました。「不治の病に負けそうでしたが、この一句と出合って立ち上がりました。これから力いっぱい生きてゆきます」と。

じつは今年（二〇一一年）の五月、〝ＮＨＫラジオ深夜便〟でこのことを話したのです。すると、全国から電話や手紙が殺到して、「水動かずの意味をもう少し分かりやすく説明してほしい」と。

「近いうちに〝大法輪〟という雑誌に書きますから、それを書店で買って読んでみてください」

そう繰り返すばかりでした。

正直ばなし、俳句を説明することはできません。一句の内容は、読む人がその人の人生をかけて受け止めるものだからです。

あの日、あの時、わたしはどうしてメダカと出合ったのか、不思議に思います。前日でも、翌日でも、風でもあればあの句はできなかったのですから。

「おとずれたのだ」と、わたしは思っています。

自然とは何だろう、人間とは何だろうと、そのことに思いを深めていると、あるとき自然はひょいとそのヒントを提示してくれるのではないかと、そう考えないではいられません。求めていなければ、足元に咲く一輪の花をさえ見過ごしてしまうことですから。

あの時、メダカのいる水たまりにたたずんだことも、自然からそうさせられていたのだと思うのです。

「一句作れよ」と、自然はすべて準備を調えていてくれたのだと思います。

## ●機縁――そうなるべくしてそうなる

「おとずれる」ということで思い出すことがあります。

小説『ビルマの竪琴《たてごと》』の著者・竹山道雄さんは、その著書の最後に「ビルマの竪琴ができるまで」という一文を載せています。

ビルマの資料が足りなくてなかなか小説が書けなかったのだそうですが、「機会というものは注意を集中しているとつかまるものだ」と言われ、次のように書いていらっしゃるのです。

――少し長い引用ですが――

ある日、電車にのっていました。あの頃のことですから、立ったまま身うごきもできず押しつぶされそうでした。隣りに立っている人が雑誌を手に丸めて読んでいましたが、それが私のすぐ目の前にありました。見るともなく見ると、その記事はビルマの戦争の様子を報じたものでした。これが私の求めていたものでした！　これが第一報でした。私はそれをむさぼるように覗《のぞ》き読みしました。その雑誌が何であるかを知りたくてなりませんでしたが、知らない人が読んでいるのを覗きこんでいたことですから、きくのも照れました。もじもじしているうちに、その人が手を持ちかえ、その瞬間に、それが「月刊読売」であることが分かりました。私は駅を降りると、すぐにこれを買いました。四頁ばかりの短い記事でしたが、ここには、ビルマ全国に日本兵の白骨が累々《るいるい》と野曝《のざら》しになっていることが報じてありました。このことと、前から私の頭にひそんでいたことが結びついたのでした。すでに第一話を作っているときからそういう話にしようと思っていながら、それにはっきりとした形をつけることができないでいたのがにわかにまとまり、骨子がきまりました。驚きました。こういうことってあるんですね。条件が調《ととの》っていて、次から次へ、良いほうへ良いほうへと事が運ばれていきます。

――隣の人が雑誌を手にしていた。それが私のすぐ目の前にあった。その記事はビルマの戦争の様子を報じていた。これが私の求めていたもの。むさぼるように読む。その人の手が雑誌を持ちかえた。それが「月刊読売」だった。駅を降りるとすぐに買った――

あざやかというよりほかはありません。

このようなとき、駅を降りるとちゃんと雑誌は店にあるのですね。竹山道雄さんに買われるべく「月刊読売」は待っていたのではありませんか。

人はこれを「偶然《ぐうぜん》」と言っていますが、そう簡単に片付けてしまっていいものでもありません。

「偶然」とか「奇遇《きぐう》」とかは、思いがけない出合いのことで、なぜそうなったかを説明することが困難であることから、漠然とそういう言葉を用いて逃げてしまっているときのことを言います。

「機会というものは注意を集中しているとつかまるものだ」と竹山さんは言われました。求めれば得られる、求めなければ得られない、そのことを言われているのです。偶然でもなし、奇遇でもなし。仏教ではこれを「機縁《きえん》」と呼んでいるのですね。「そうなるべくして、そうなるべきときに、そうなっている」ということなのです。

わたしはそれを「おとずれ」と言わせてもらっています。

さきほどのメダカの話で言えば、あの日たまたまメダカがあそこにいたということではありません。宇宙が始まってからメダカが生まれてくるまでの、気が遠くなるほどの「時間」と「道のり」とがあって、初めてあの日あの時のメダカの存在があるということです。

もしあの時風が吹いていれば、水たまりは波立って、わたしはメダカを見ることができなかったでしょう。当然、俳句もさずかりませんでした。

一方、妻はというと、病後でなければ河原を歩くということはまずなかったでしょう。妻には妻の歴史があり、あの日あの時、妻を河原に立たせるために、過去の一切がはたらきかけていた、と受け止めるのが本当だと思うのです。

その双方のかかわり合いのなかで、わたしもまたご縁をいただいてメダカと出合っています。その一瞬のために、天地の一切がはたらきとおしてくれていたのですね。ちょうどよい時機に、よい縁に恵まれたので、これを「機縁」と呼んでいるのです。「おとずれ」は、その機縁をありがたく頂戴する、という心持ちを含めて言っている言葉なのです。

## ●会ふべく生れ来た

岩手県の歌人・伊藤幸子さんから次のような年賀状をいただきました。（平成二十二年一月）

十一月に末子が嫁ぎました。披露宴で花嫁が三味線を弾き、婿《むこ》どのの姪（小・中学が民謡をうたいました。古くて新しい感動がありました。

この星にふたり会ふべく生れ来しえにし尊ぶけふ嫁ぐ子に

「会ふべく生れ来た」のが「機」、嫁いでゆくのが「縁」なのです。

幸子

# 二十二、歓喜《かんぎ》のこころ

## ●タヌキ君のお葬式

わたしの家から歩いて約三十分、JR吾妻線《あがつません》の市城《いちしろ》駅に出ます。貨物車を改造した駅で、その小ささは日本一かもしれません。中央に改札口があり、右に駅員さんの狭い仕事場、左は六人で満席の待合室です。

改札口を出ると、たった四歩で電車に乗れます。ホームからの眺めもよく、吾妻の山々も一望でき、その後ろの三国《みくに》山脈の雄々しい姿も格別。透き通った風のなかで、カメラマンがよく写真を撮っています。

ある日のこと、待合室に一人でいると、若い駅員さんがお盆の上にお茶と漬け物を乗せて持って来てくれました。

「どうぞ、お茶を一杯」

「おや、これはどうも。駅でお茶をいただけるなんて、めずらしいことですね」

「はい。人によりけりなんです」

「これは、これは。つまり、わたしは合格というわけですか?」

「はい。お顔がとてもさわやかですから。川向こうのお寺さんですよね」

「よく知っていますね」

「風が教えてくれるんです」

おもしろいことを言う駅員さんです。ふっくらとしたお顔で、目鼻立ちが調《ととの》っていて、微笑みのあたたかさが何とも言えません。

「駅員さんこそさわやかなお顔じゃないですか。まるで俳優さんのようですよ」

「はあ。みなさんがそう言ってくれています」

「お顔が輝いていますね」

「はい、そうなんです。じつは、きのう、とってもいいことがありましたから」

「ほう。素敵な彼女と、デートでもされましたか？」

「いえ、彼女はまだいないんです。あの、タヌキ君のお葬式をしたんです」

「なに、タヌキ君のお葬式？」

聞いてみて驚きました。昨夜、ホームのはずれの線路上で、大きなタヌキが電車にはねられて即死したんだそうです。駅員さんはそれがかわいそうでたまらず、いまは使わなくなった反対側の草ぼうぼうのホームの端っこに、シャベルで穴を掘って埋めてやり、ベニヤ板の切れ端があったので、それを卒塔婆《そとうば》代わりに建てておいたと言います。

「卒塔婆に何か書いたのですか？」

「はい。立派な戒名を付けておきました。和尚さん、電車が来るまでまだ十五分あります。行って、お経をあげてやってください」

「偉い！　だからお顔が輝いていたんですね。じゃ、ご供養させていただきます」

線路に飛び降りて廃線になったホームに駆け登ると、草をかき分けかき分け、タヌキ君のお墓の前にたどり着きました。

丁寧に土が盛られ、後ろにはベニヤ板の卒塔婆が建っています。見るとそこには「電車にひかれたタヌキのお墓」と書いてありました。なんとも微笑ましい限りです。墓には口を開けたコーヒーの缶が供《そな》えてありました。

お経をあげ、駅に戻ると、わたしは駅員さんに言ったのです。

「すばらしいことをなさいました。駅員さん、近いうちに、きっといいことがありますよ」

「はあ。いったい何でしょうか」

「それは分からないけれど。こういうことのできる人には、いいことが訪れることになっているのです。電車が見えたようです。失敬します」

「和尚さん、ありがとうございました」

なんと、駅員さんは合掌をして、わたしを見送ってくれたのです。

電車の最後部に立って、ホームの駅員さんと、見えなくなるまで手を振り合ったのでした。

## ●タヌキの恩返し

それから一か月余りたって、市城駅へ行ってみると、今度は別の駅員さんが来ていました。わたしは聞いてみたのです。

「このあいだ、タヌキ君のお葬式をされた駅員さんがいましたよね」

「あれ！　あの時、お経をあげてくれたという、そのお坊さんでしょうか。その節はありがとうございました。彼はとっても喜んでいました」

「あのかたは、今日は別の駅ですか？」

「いえ、そうではなくて、今日はお休みを取りました。なんでも、K駅の駅長さんの紹介で、今日はいい人とデートらしいですよ」

そうら来た！　とわたしは思いました。まさかこんなに早く女神が訪れるとは思ってもみなかったからです。これでいい、これが本当なのだと、わたしは自分のことのように喜んだのです。

それから一年近くたって、あの駅員さんがその人と結婚されたということを、わたしはまた別の駅員さんから聞きました。

「やっぱり、そうだったんですね。電車にはねられたタヌキ君を、ほったらかしにできないで手厚く葬ってあげたというそのやさしさに、彼女もぞっこんほれ込んだというわけですね。タヌキの恩返し、ですか」

「そうなんです。彼もそう言って喜んでいました」

その後のことは何一つ聞いていません。きっと、可愛いお子さんを授かり、楽しい家庭生活を営んでおられるだろうと思います。


これはわたしの想像なのですが、もしかすると、こんなことがあるかもしれません。あの駅員さん、奥さんや子どもさんやらを連れて電車に乗り、吾妻線の市城駅を通過することもあるでしょう。

そのときの親子の会話が、わたしの耳に聞こえてくるのです。

「ずうっと前、お父さんはこの駅にときどき仕事に来ていたんだよ。ある晩、大きなタヌキ君が電車にはねられてね、死んでしまったんだよ。かわいそうだから、向こうのホームの端っこに埋めてあげたんだ。

　翌朝、運よく川向こうのお寺のお坊さんがこの駅に来てくれたのでね、頼んでお経をあげてもらったんだよ。タヌキ君も喜んでくれただろうね。お父さんにとってはとても懐かしい駅なんだ」

　お父さんの話を聞きながら、向こうのホームを見つめている奥さん、お子さんのお顔が目に見えてくるではありませんか。

「お父さん、えらいね」

　こう言いながら、このお子さんはお父さんに負けず、心のやさしい大人に成長してくれるだろうと、わたしは信じているのです。

## ●善き行いを歓ぶ

　仏教に「歓喜《かんぎ》のこころ」（歓喜心）という教えがあります。

「善《よ》き行いを為《な》さば歓喜《よろこび》を見る」（『法句経《ほっくきょう》』・一八）

というのがそれですね。

もともとこれは「仏さまの教えに浴することのできる歓び」を言うのですが、端的に言うと「善き行いを為す」ということになります。

大人になると善い行いというものはなかなかしにくいものなので、理屈を並べる年齢に達する前に、このことの大切さを教えなければならないのですね。素直に善い行いのできる人を「善行子《ぜんぎょうし》」とも言っています。

アイヌの人たちは、子どもが五歳になったとき、次の二つのことを教えるそうです。アイヌ文化の研究者・小川隆吉さんから直接お聞きしました。

一つ。石を踏んで川を渡るとき、動く石は踏まないよう用心すること。小川さんいわく。「動く石の下にはコケがあり、さかなが集まります。さかなをつぶさないよう気を付けよ、と教えます」

二つ。家を留守にして遠地へ働きに出かけるとき、家にはかぎを掛けないこと。

「かぎを掛けると、吹雪の夜、助けを求めて来る人が中に入れません。家の中には一膳《いちぜん》の食事を用意しておきます。まず食べて、寒さをしのぐ。こうしてアイヌの人たちは助け合っているのです」

五歳を過ぎてから教えるのでは遅い、と小川さんは言っておられました。尊い教えであると思います。

しかし、善行、歓喜に、あまりにこだわり過ぎるのもどうかと思いますね。

かの駅員さんにのように、こうしてあげようと思ったら、その心に素直にしたがって、さらりとやってのける、この自然さを大事にしたいと思います。

# 二十三、ごきぶり賛歌

## ごきぶりとわが家

油虫のことを「ごきぶり」といい、「御器嚙《ごきかぶ》り」といいます。木製の食器類をかむからだそうです。

ごきぶりは台所を中心に家の至る所に出てくるもっとも嫌われている害虫の一つで、女性はとくにこれを苦手としているようです。

朝日俳壇でこういう句を見つけました。

ごきぶりにこれ程闘志いだくとは　　中島弘子

選者の稲畑汀子氏は、「ごきぶりが出た。追っては叩くがうまくいかない。夢中になって迫る様子を冷静な眼で見る作者」と評しています。

ごきぶりに闘志をいだくというのは女性の性情でしょうか。しかし、「叩く」というのは少々残酷だと思いますね。

お坊さんで評論家の前田利勝氏は、「いまだにわからないことの一つ」として、ごきぶりを敵対視する女性の性情についてふれています。（くだかけ・平成二十一年九月号）

――ゴキブリの姿がチラリとでも視界に入ろうものなら、申しあわせたようにキャーッと渾身の悲鳴をあげるのも、私には何か不思議な儀式を見ているように感じられるのですが、その後は大別して二つのタイプに分かれます。一つはキャーキャーを連呼しながら逃げまわるタイプ、そしてもう一つは、人格が豹変したかのように、まなじりもきびしくゴキブリめがけて突進していくタイプです。髪ふり乱してさんざん追いまわし、ついに追い詰めてスリッパで仕留め、フッと以前の笑顔に戻ったりするのを見ると、なるほど「虫も殺さぬ顔をして」かと、妙に感心してしまうのです。

女性のそういうすさまじさをわたしはまだ見たことがありません。

わが家にはごきぶりが多く、女房も嫁に来たてのころはときに悲鳴をあげたりもしていましたが、狎《な》れというものの世界でしょうか、編み物をしているすぐそばをごきぶりが通っても、チラと見るだけで大して驚きもしなくなりました。本当は少し驚くくらいのところがよろしいのでしょうけれど――

その「ごきぶり」と「妻」とを取り合わせると、おもしろい俳句ができます。（以下はわたしの作で朝日俳壇に載ったものです）

ごきぶりにこのごろ妻のおどろかず　　（加藤楸邨選　昭和五十四年六月十一日）

ごきぶりも生きよと妻の酔うており　（金子兜太選　昭和六十二年七月十一日）

転生をせずごきぶりで通すやも　（川崎展宏選　平成六年七月十七日）

相容れし如《ごと》ごきぶりと吾れとをり　（金子兜太選　平成十年七月六日）

ごきぶりも出ぬやうではと妻の言ふ　（金子兜太選　平成十四年八月二十一日）

一句目。豊かとは言えない暮らしなのに、この妻はじつに堂々としていて、ごきぶりと共に生きています。

二句目。突然ごきぶりが現れても驚かず、「おまえもしっかり生きるんですよ」などと言いながら自分は晩酌をしています。

三句目。ものを書いている机の上にごきぶりが現われました。三億年も変わらないという衣装をまとって、他のものに転生する気はさらさらなさそうです。

四句目。じっと見つめるわたしと、まったく動かないごきぶりと。お互いが心を通じ合わせています。

五句目。「そんな世の中になったらおしまいさ」などと現代批判も。

## ●油虫と貧しさと心の豊かさ

むかしの書生（学生）さんたちは、下宿先の仕事を手伝い、貧しさに耐えながら学問にいそしんでいました。そこには必ずと言っていいほど「ごきぶり」が登場してきます。しかし、「貧しさ」との取り合わせでは「ごきぶり」ではなく「油虫」なのですね。

売文や夜出て髭《ひげ》の油虫　秋元不死男

油虫貧しと思ふ故に出づ　岡本圭岳

貧しくて妻油虫飼ふ如く　小池一寛

一句目。文章を作り、それを売って生活することを売文と言っています。その貧しさとひげを振る油虫との取り合わせがおもしろいのですね。

二句目。貧しい者には油虫をじっと見つめる時間があるのです。そこから心の豊かさが生まれます。

良寛さまは〝五合庵《ごごうあん》〟でこんな詩を作られました。

この地に兄弟《けいてい》あり

この地に　兄弟あり
兄弟　心　おのおの殊《こと》なり。
一人《ひとり》は　辯《べん》にして　聰《さと》く
一人は　訥《とつ》にして　かつ　愚《おろか》なり。
われ　その愚なる者を見るに

生涯　余《あまり》あるがごとし。
また　その聰き者を見るに
到るところ　亡命《ぼうめい》して趨《はし》る。

〈この土地に兄弟がいるが、二人の性格がちがう。一人は口も達者で頭もよく、一人は口べたで頭のはたらきもにぶい。わたしがその愚かなほうを見ていると、人生を余裕たっぷりに生きているようだ。また聡《さと》いほうを見ていると、どこへ行っても失敗ばかり重ねて逃げ回っている〉

兄が聡くて弟が愚かなのか、その反対

五合庵
（著者撮影）

なのか、この詩ではわかりません。どちらであってもよいと思います。

要するに、良寛さまは兄弟を見比べ、「訥にして愚か」のほうへ軍配をあげているようです。余裕たっぷりに生きているなんてすばらしいことではありませんか。

三句目。貧、妻、油虫、これだけでは暗くじめじめしていてとてもいただけません。「まるで飼っているようだ」と言われてみると、そのとらえ方に笑いを含めた明るさがあって愉快になれるのです。

三句ともに貧しい生活を詠んでいながら、どこかにゆとりがあります。貧しさゆえの心の豊かさなのでしょう。

## ●財おおければ必ずその志を失う

油虫で思い出すのは、五代目古今亭志ん生の落語「替《かわ》り目《め》」です。

亭主がへべれけになって帰って来て、さらに酒を重ね、つまみを欲するという場面。

「ウーン、なんかねぇかよォ、ちょいっとこう、こうやって……ちょいっとつまんで、ポリポリっとやって、キュウーッと飲みゃいいんだから……こう、ちょいと……」

「こうちょいとッたってネ、何もないんだよ。もう少し早いってえと、油虫がいたんだけど……」

この女房の一言が、がぜん、落語を生かしています。ここは絶対に「油虫」でなければいけません。

貧しさと油虫。これにそそがれる人間の眼差しのあたたかさ。

現代のように、物の豊かさ、快適さを追い過ぎると、このあたたかさは滅びていってしまうようです。


学道の人は先須《まずすべから》く貧《ひん》なるべし。財おほければ必ず其《そ》の志を失ふ。

（道元《どうげん》『正法眼蔵随聞記《しょうぼうげんぞうずいもんき》』）


静かな山小屋でごきぶりと生活をしながら、いつも口ずさんでいる言葉です。

# 二十四、石に聞く

## ●盤石のたとえ

そこにある一個の石を見て、人は何を考えるのでしょうか。人が石にはたらきかけたり、石が人にはたらきかけたり、そういうことがあるとすると、「石との対話」が生れてくるのでしょうね。

花に学ぶ、水に学ぶ、というのも同じことです。心を寄せれば寄せるほど、花のことば、水のことばも聞こえてくるのだと思いますよ。

禅のことばに「行雲流水《こううんりゅうすい》」というのがあります。一所《ひとところ》に住み留《とど》まらないで、西へ東へと道を求めて歩く人の在りようを、行く雲や流れる水にたとえたところからそういう言葉が生まれました。修行僧のことを「雲水《うんすい》」というのもこれに由来します。

しかし、雲のように、水のように流れてゆくだけでは、本当の雲水ではないのですね。雲に学び、水に学ぶ、この心を持つことが大事なのです。

雲に心を寄せれば雲にみちびかれる、水に心を寄せれば水にみちびかれる、これがあって初めて「人生とは何か」という大問題に取り組めるのだと思います。

お釈迦さまは、心の動きやすい人に対してこうさとされています。

一かかえほどの盤石《いわいし》
風にゆらぐことなし
かくのごとく
心あるものは
そしりと

ほまれとの中に
心うごくことなし
（『法句経《ほっくきょう》』・八一）

人間は、悪く言われると腹が立ち、褒められると頭《ず》にのぼります。つまり、「そしりと、ほまれとの中」で、心が動いてしまうのですね。あれにもこれにも心が動くようであっては道は求められない、盤石のように風に吹かれても動じない心を持ちなさいと、このようにさとされました。

盤石とは大きな石のこと。あきらかに石を師とされているのです。

近代の曹洞禅の高僧、熊澤泰禅師の教えに、石のはたらきをたたえた『石徳五訓』があります。

一、奇形怪状《きけいかいじょう》。無言にしてよく言うものは石なり。

二、沈着にして気精《きしょう》永く、土中に埋もれて、大地の骨となるものは石なり。
三、雨に打たれ、風にさらされ、寒熱に耐えて、悠然動ぜざるは石なり。
四、堅質にして、大廈高楼《たいかこうろう》（高層建築）の基礎たるの任務を果たすものは石なり。
五、黙々として、山岳・庭園などに趣を添え、人心を和《やわ》らぐは石なり。

三番目の「風にさらされ、悠然動ぜざるは石なり」は、先の「盤石のたとえ」と重なります。大きな石から人は同じことを学ぶ、ということです。

## ●詩歌と石

ところが、日本の詩歌を見ると、石は必ずしも人間の生きかたにかかわっているわけではありません。一個の石と周辺の状況を詠《うた》ってはいても、「人生、かくありたい」というような説教的な表現をとっていないものが多いのです。日本人の謙虚さは詩歌にこそよく表われていると見てよいでしょう。そして、そのほうがむしろ読む人の心を打つのです。

## 石

浜田広介

道ばたの石はいい
いつも青空の下にかがみ
夜は星の花を眺め
雨に濡れても風でかわく
それに第一
だれでもこしをかけてゆく

青空、星の花、雨、風、これだけで道ばたの石が美しく描かれました。最後の「だれでもこしをかけてゆく」という一行がまたいいですね。これを「人のために尽くしている」などと言うと、詩ではなくなってしまいます。

人の心理とはおもしろいもので、こうしなさい、と言われると反発したくなります。「自分から気づいてゆきたい」という心情を、人はだれでも持っているのです。

雲は雲、水は水。しかし、見る人によって、それらはことごとく師となっていくのです。仏道を歩もうとする人の根本的な姿勢はそこにこそあるのではないかと思いますね。

短歌や俳句もそうなのです。そこにあるものをいかに描くかが主であって、説教臭が見えてくると、いただけないものになってしまいます。

草はらにまぎれて昼は見え難く夕日届けば光る石あり　浜田康敬

さらさらと川は流れて石のみがじっと止っておりにけるかも　山崎方代

絶えず人いこふ夏野の石ひとつ　正岡子規

秋ふかく石がささやく石の声　中川宋淵

どれも、これも、説教的な匂いを持ちません。そこにあるものを、あるように描いているだけなのです。これらを読んで心を打たれるのは、石を見つめた作者の眼差しが非凡だからです。自分が石になってしまうほど、石を見つめています。

大自然のなかの、どの一点に目を止めるか、それをいかに見つめて生きるか。仏道を歩む者の大きな課題がそこにはあります。

## ●ぼさつ石

「さらさらと」の歌で思い出すのです。

昭和六十三年八月二十五日。中国・五台山の清水川《きよみず》のほとりを歩いていたとき、広い川の真ん中あたりに仏像らしきものが立ちあがってこちらを見ているのを発見しました。

水につかって近づいてみると、それは単なる一個の石でした。ところが、拾いあげてみると、まるで観音さまのお姿です。まぎれもない自然石なのに、正面といい、側面と

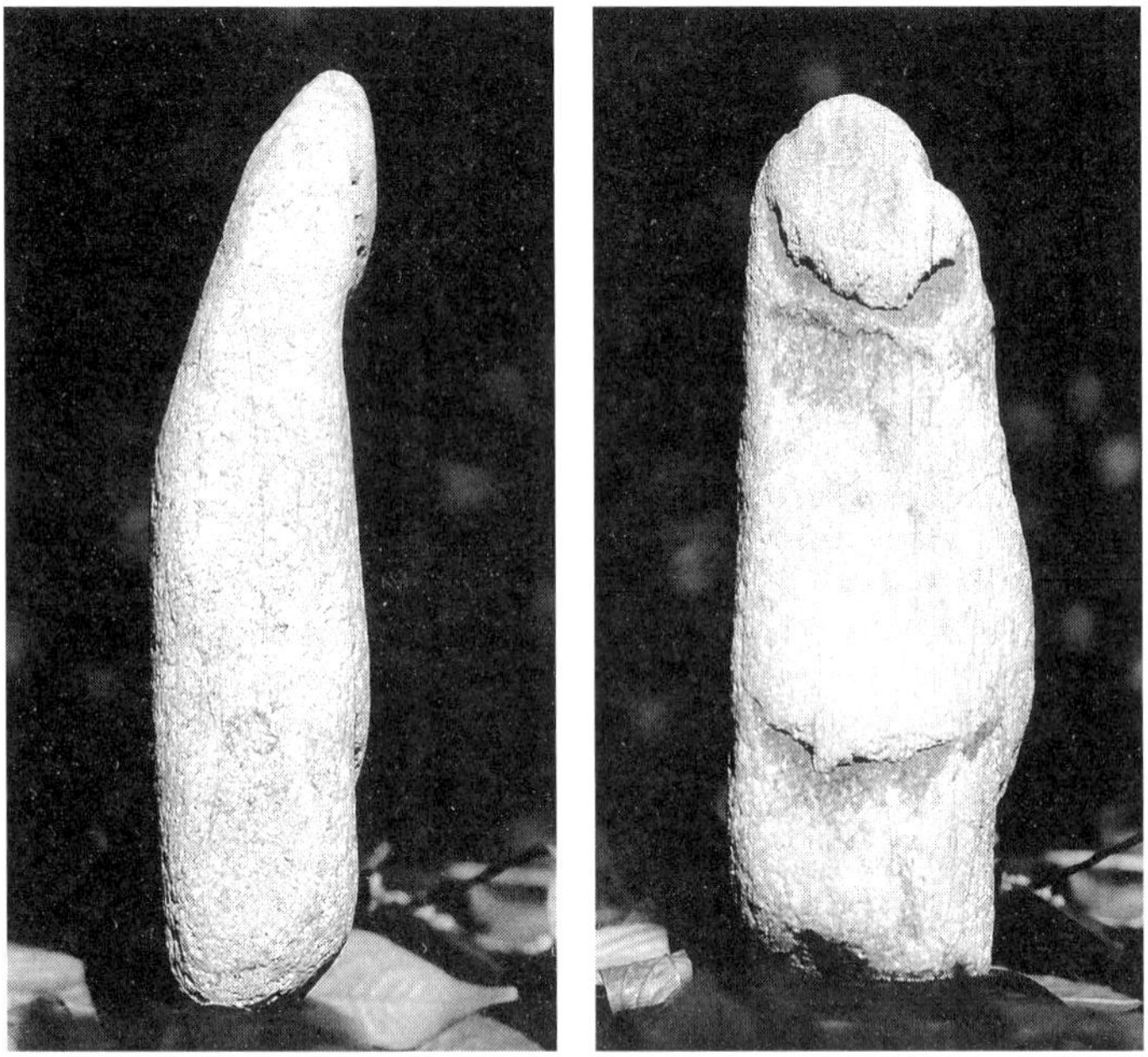

ぼさつ石
（右・正面、左・側面　著者撮影）

いい、どう見ても「菩薩」としか言いようがありません。法衣らしきものにすっぽりと身をおさめ、親しく語りかけてきそうな、そんなお姿なのです。胴体があり、顔があり、顔には表情も見えました。

「なぜ立ちあがっていたのだろう、わたしに迎えられたかったのだろうか」

そう思いながら、それを大事に抱えてホテルに戻り、自分の部屋の窓ぎわに安置したのです。

夜、部屋にやってきた三人が
「これはすごい、これは仏さまです」

と口々に言って合掌をするのでした。わたしは得意になり、これを「ぼさつ石」と名付けました。

六日後の三十一日、北京空港から帰国するとき、わたしはこの「ぼさつ石」を風呂敷に包んで抱いていました。

こう言っても、人は多分信用しないでしょう。ところが、これが事実なのです。

その日、成田空港に無地帰着して、そこで初めて中国民航に事故があり多数の死者が出たことを知りました。同じ日の同じ時刻に離陸した別の一機が、上海空港での着陸に失敗して起きた大惨事でした。

「ぼさつ石に守られた」と言ったら言いすぎでしょう。しかし、一行十一名はだれ一人、それを疑いはしなかったのです。

この世は不思議なことばかりです。

「ぼさつ石」は仏壇にまつってあります。

# あとがき

酒井 大岳

第十九話「生きてゆく二人」の読者から、次のような便りをいただきました。

「――菩提寺の住職さんが〝生きてゆく二人〟という先生の文章をコピーして持って来てくれました。そのなかに〝曲がった木〟という山村暮鳥の詩があり、四年前、私も先生からこの詩についてのお話を伺っていましたので、とてもなつかしくその日のことを思い出すことができました。一緒にお話を聞いてくれた私の友人は、大津波にさらわれてしまいました。（中略）先生、また私たちの街へご講演にいらっしゃってください。住職さんにもお願いしておきました。みんな、みんな、その日を待っているのです――」

このお寺の住職さんからは、震災後一か月を経たころ「残念ですが休会とせざるを得ません」という電話をもらっています。

ところが、それから四か月たって再び電話があり、「なんとしても実施したい」とのこと。多くの被災者の声だというのです。

調べてみると、平成二年から二十二年間、わたしはその街へ足を運んでいたのでした。昨年十一月二十二日、変わり果てた街の真ん中に立ちました。あんなにも美しい街だったのに、何一つ残っていません。学校も、駅も、お寺も、なんにもないのです。人影一つなく、ただ一面のがれきの山に風が吹いているだけでした。

講演会は隣りの街の、とある寺の本堂を借りて開催されました。

驚いたことに、お坊さんたちも、話を聞きに集まってきた人たちも、みな生き生きとしているのです。悲運の底から立ちあがってきた人たちに、暗い影のないことが、わたしにとってせめてもの救いでした。

本堂も、庫裡《くり》も、位牌堂も、山門も、お檀家さんも、すべてを失ってしまったお坊さんが、わたしに抱きついてきて声をころして泣かれ、わたしもしばし言葉を失いました。

お坊さんたちはわが身を忘れて多くの人のために飛び回っています。集まって来る人たちはお坊さんを頼り、信じ、何かを学ぼうとしています。一体となっているその姿に、わたしは心を打たれ、この街の人びとの明日を信じ、大奮闘のお坊さんたちに敬意を表しました。

あれこれの新聞や雑誌に、大震災に関して「仏教は何をしているか」「僧侶たちに何ができるのか」など、非難の言葉を多く見受けますが、とんでもないことだとしみじみ思いました。「批判する人は協力しない」と言いますが、これは本当です。尽くす人はだまって尽くしているのです。文句なしにだまって尽くす人びとの勁《つよ》さと美しさを、わたしは東北の街にしっかりと見届けて帰って来たのでした。

仏教は慌てふためかないし、手のひらを返すような仕事もしません。きわめて静かで、平凡で、しかも永遠に飾り気がなく、目立たないものです。

しかし、その目立たないものが、苦難にあえいでいる人たちの、途方もない空ろな心に、手を差し伸べ、明日への力となっているのです。お坊さんたちはその力を無償で配達しています。

二十四編の随筆で、読者のみなさんの心があったまったかどうか、知りません。書きながら思ったことは、あったかい心と出合うためには、こちらもあったかくなければならない、ということです。

仏教のあったかさと出合うのもそれだと思います。

平成二十四年　新春

著　者

本書は、月刊『大法輪』平成二十二年（二〇一〇年）十一月号から平成二十三年（二〇一一年）十二月号まで連載したものを、単行本化したものです。

## 酒井　大岳（さかい・だいがく）

昭和10年群馬県生まれ。駒澤大学仏教学部禅学科卒業。曹洞宗長徳寺住職。南無の会会友。

昭和39年群馬県文学賞（随筆）、同56年上毛文学賞（俳句）、同58年上毛出版文化賞（『般若心経を生きる』）、平成11年日本社会文化功労賞、同20年朝日俳壇賞を各受賞。

著書は『観音経に学ぶ』（曹洞宗宗務庁）、『金子みすゞの詩』（河出書房新社）、『気持ちがホッとする・禅のことば』（静山社）、『愛語のすすめ』（マガジンハウス）、『あったかい仏教』（大法輪閣）ほか。

ビデオ・CDには酒井大岳講話集『さらさら生きる』（NHKサービスセンター制作・12巻）、同『りんりんと生きる』（同12巻）ほかがある。




〈随筆説法《ずいひつせっぽう》〉心があったまる仏教――生きる勇気をもらえる24の話

平成24年　3月　10日　初版第1刷発行 ©

著　者　酒　井　大　岳
発行人　石　原　大　道
印刷所　三協美術印刷株式会社
製　本　株式会社　越後堂製本
発行所　有限会社　大　法　輪　閣
東京都渋谷区東2－5－36　大泉ビル2F
TEL　(03) 5466-1401（代表）
振替　00130-8-19番

ISBN978−4−8046−1331−4　C0015　Printed in Japan